智慧交通
理论与实践

ZHI HUI JIAO TONG LI LUN YU SHI JIAN

王少华　编著

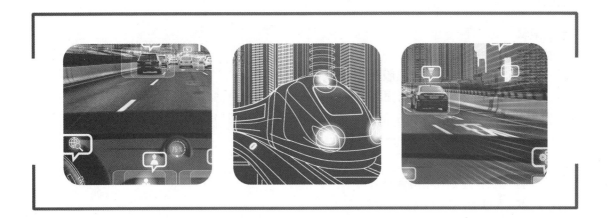

黑龙江科学技术出版社
HEILONGJIANG SCIENCE AND TECHNOLOGY PRESS

图书在版编目（CIP）数据

智慧交通理论与实践 / 王少华编著. -- 哈尔滨：
黑龙江科学技术出版社,2023.8
ISBN 978-7-5719-2098-2

Ⅰ．①智… Ⅱ．①王… Ⅲ．①城市交通运输－交通运
输管理－自动化系统－研究 Ⅳ．①U491

中国国家版本馆 CIP 数据核字(2023)第 145127 号

智慧交通理论与实践

ZHIHUI JIAOTONG LILUN YU SHIJIAN

王少华　编著

责任编辑　赵　萍
封面设计　云中阳
出　　版　黑龙江科学技术出版社
　　　　　地址：哈尔滨市南岗区公安街 70-2 号　邮编：150007
　　　　　电话：（0451）53642106　传真：（0451）53642143
　　　　　网址：www.1kcbs.cn
发　　行　全国新华书店
印　　刷　哈尔滨午阳印刷有限公司
开　　本　889 mm×1194 mm　1/16
印　　张　9.25
字　　数　200 千字
版　　次　2023 年 8 月第 1 版
印　　次　2023 年 8 月第 1 次印刷
书　　号　ISBN 978-7-5719-2098-2
定　　价　58.00 元

前言

2019年9月，中共中央、国务院印发了《交通强国建设纲要》，指出要大力发展智慧交通，推动大数据、互联网、人工智能、区块链、超级计算等新技术与交通行业深度融合。2021年2月，中共中央、国务院印发了《国家综合立体交通网规划纲要》，提出创新智慧、安全绿色等工作原则。坚持创新核心地位，注重科技赋能，促进交通运输提效能、扩功能、增动能。推进交通基础设施数字化、网联化，提升交通运输智慧发展水平。2021年3月，第十三届全国人大第四次会议通过了《中华人民共和国国民经济和社会发展第十四个五年规划和2035年远景目标纲要》，其中提出了十大数字化应用场景，智能交通位于首位，并强调要大力发展自动驾驶和车路协同技术。随着5G、云计算、大数据、物联网、人工智能、互联网、无线通信等技术的发展，智能交通（Intelligent Transportation System，ITS）面临着重大变革，贯彻落实交通强国建设任务，要求我们必须抢抓"新基建"机遇。尤其是人工智能技术在ITS中的应用日益广泛，使得传统ITS各个组成部分需要进行重构，形成ITS2.0版。

ITS是未来交通系统的发展方向，其将先进的信息传输技术、传感技术、控制技术及计算机技术等有效地集成运用于交通管理，在此基础上建立一种大范围、全方位发挥作用的实时、准确、高效的综合交通运输管理系统。当前，交通运输已呈现"交通信息系统建设由局部试点向整体应用转变""交通信息资源由分散型向集中型转变""交通管理模式由被动式向主动式转变，由信息化向智能化转变""智能交通产业化由低水平竞争向产业集群转变"等需求特征，需要在新的起点上进一步发展基于AI的ITS，从而提升ITS水平，更好地适应我国社会经济发展的需求，更好地解决城市交通压力。

本书的主要特点是在传统智能交通系统组成基础上，对各个组成系统进行介绍。主要包括以下内容：智慧交通、无线车载通信、ITS传感器网络和监视系统、协同式自动驾驶、云－边－端协同交通大数据智能计算及控制技术和匝道控制。智能交通专业性、综合性强，是一门正在迅速发展的新型交通业态。由于编者水平有限，本书疏漏、不足之处在所难免，恳请同行和读者批评指正，特此致谢！

目　录

第一章 智慧交通

第一节 智慧交通系统

一、智慧交通系统定义方式

近年来,随着数字技术、人工智能、超级计算等新技术与交通运输深度融合,"智慧交通""交通医生""城市交通大脑""无人物流"等一系列智慧交通新名词层出不穷。但也有人提出质疑:"交通医生"和传统的交通、信息采集、交通信号控制技术有何区别? "城市交通大脑"在交通指挥管控、优化交通信号、治理交通拥堵等方面的应用场景和10年前的智能交通发展重点又有何不同? 在这些日新月异的交通运输新技术背后,必须考虑的是,智能交通是如何向智慧交通发展的,智慧交通系统能够解决什么问题,它的本质又是什么。

布莱恩·阿瑟在《技术的本质:技术是什么,它是如何进化的》一书中将技术定义为实现目的的手段,而一个系统则是所有"实现目的的手段"的总体。布莱恩·阿瑟还在书中提出技术进化的两种机制:一种是组合进化;另一种是持续地捕获新的自然现象以及带有特定目的地驾驭这些现象。

由此可见,技术的产生和发展往往是在特定目的的引导下进行的。对于智慧交通系统而言,所谓的"特定目的"就是交通运输领域对安全舒适、经济高效、方便快捷、节能环保等一系列内容的要求,也就是旅客货主、运输企业、政府部门等各相关方面对交通运输的整体需求和期望。

综上所述,一方面智能交通向智慧交通的发展要靠技术的推动,大数据、云计算、物联网、人工智能等新兴技术为智慧交通的发展起到了必要的推动作用;另一方面,智慧交通的产生与发展离不开需求的总领。只有在特定的交通运输需求的引导下,对于智慧交通系统的研究才具有现实意义。对智慧交通系统的定义也必须从系统需求出发。

二、智慧交通系统定义

智慧交通系统实质上就是在智能交通系统的基础上建设而成的新一代综合交通运输系统,两者在建设内容、关键技术、应用方向等方面拥有较大的公共部分,但在理念、关注点、目标、结果等方面也存在着显著差异。本节将在智能交通系统定义的基础上,通过对智慧交通与智能交通对比分析,得出智慧交通系统的定义。

自智能交通系统问世以来,许多专家学者、科研机构都曾就智能交通系统的概念提出自己的看法,此处列举了不同专家学者对智能交通系统概念的描述。

智能交通系统,指的是在较完善的基础设施(包括道路、港口、机场和通信)之上,将先进的信息技术、数据通信传输技术、电子传感技术、电子控制技术以及计算机处理技术等有效地集成运用于整个交通运输管理体系,从而建立起一种在大范围、全方位发挥作用的实时、准确、高效的综合运输和管理系统。

智能交通系统,是在较完善的交通基础设施之上,通过应用

等技术,加强运载工具、载体和用户之间的联系,提高交通系统运行的有序性和可控性,实现提高运行效率、减少事故、降低污染的系统目标,建立一个高效、便捷、安全、环保和舒适的综合交通运输体系。

智能交通系统是将先进的*信息技术、数据通信传输技术、电子传感技术、控制技术及计算机技术*等有效地集成运用于整个交通管理系统而建立的一种在大范围内、全方位发挥作用的,实时、准确、高效的综合交通运输管理系统。

可以看出,诸多专家学者对智能交通系统概念的定义,均主要由两个方面组成,一是对智能交通系统所应用技术的描述(黑体部分);另一方面则是对智能交通系统需求的描述(斜体下划线部分)。

而智慧交通系统与原有智能交通系统又有很大区别。对于需求部分,智慧交通系统相较以往的智能交通系统,要求系统具有独立分析、判断、决策的能力,在自主化、人性化等方面对系统提出了更高的需求。本书从交通运输系统的总体需求入手,归纳整理了智慧交通系统的系统需求,在此将其概括为安全可靠、经济高效、温馨舒适、方便快捷、节能环保。

对于技术部分,可以看到不同专家学者对于交通系统应用技术的分类方式并不相同,而所谓信息技术、通信技术、传感技术、计算机技术等技术手段在定义和应用内容上实际上互有交叉。因此,本书按照智慧交通系统的工作流程对其应用技术进行分类。最终,将智慧交通系统所应用技术分为六大类,分别为智慧信息采集、智慧通信传输、智慧数据处理、智慧决策、智慧管理服务、智慧控制。所谓"智慧"是指在具体技术上,应用了物联网、人工智能等新兴智慧交通前沿技术。

智慧交通系统的产生与发展都应在系统需求、系统目标的引导下进行,因此,本文在对智慧交通系统进行定义时,也将采用先明确需求,后阐述技术的定义方式。由此,归纳得出智慧交通系统的定义,即智慧交通系统是以安全可靠、经济高效、温馨舒适、方便快捷、节能环保为目标,在较完善的交通运输基础设施上,综合运用物联网、人工智能等智慧信息采集、智慧通信传输、智慧数据处理、智慧决策、智慧管理服务、智慧控制技术的新一代综合交通运输系统。

第二节 智慧交通系统需求和目的分析及评价指标体系

智慧交通的产生和发展必须在需求的引导下进行,智慧交通系统架构也需要从系统出发,在需求的基础上进行构建。本节将从系统用户的角度对智慧交通需求、系统目的进行分析,并在系统需求的基础上重构智慧交通系统的评价指标体系。

一、智慧交通系统需求和目的分析

(一)智慧交通系统用户主体分析

在对智慧交通系统的需求进行分析之前,需要明确智慧交通系统的用户主体。用户主体是智慧交通系统面向的主要用户,是在相关服务领域内指定需求的主体。对智慧交通系统用户主体的定义,是进行需求分析的前提与基础。

在用户主体分析上,可以从三个角度确定智慧交通系统用户,一是系统外部用户,即智慧交通系统使用者,包括乘客、货主、驾驶员、行人等;二是系统内部用户,即智慧交通系统的运营管理者;三是相关社会公共机构,包括公共安全负责部门(公安部门、消防部门、急救中心、抗震减灾部门)以及其他相关部门(政府部门、学术机构、规划部门、环保机构)。

(二)智慧交通系统需求分析

在明确用户主体的基础上,本节从用户角度出发对系统需求进行分析。需求可以定义为一种总体的意愿或对缺失的物品所表现出的愿望,它通常以一种模糊或宽泛的方式来表达,可以理解为"为什么要做"。需求分析是构建智慧交通系统架构的重要依据,也是保障系统成功的关键要素之一。需求分析的任务是从用户角度阐述用户需要什么样的系统功能和系统特性。需求是系统架构的基础,也是架构前期最重要的工作。

对于交通运输系统来说,系统需求并不是一成不变的。随着交通运输的阶段式发展,新的需求也在不断涌现。这种涌现主要体现在以下三个方面。

(1)技术的进步。系统需求跟技术进步是息息相关的,就像在无线电发明之前,人们也很难想到自己需要在空闲时间听一听收音机。在交通运输领域,随着计算机技术的快速发展,交通系统内部管理者和工作人员也开始希望交通运输系统能实现自主化运行。

(2)人的需求。人类的全部历史表明,人的需求是随着财富和知识的增长而扩大的,在交通运输领域中同样如此。随着公路的快速发展,旅客开始希望在乘车途中能享受到好的睡眠、好的食物和一定的休闲娱乐项目,对于人性化服务的要求也越来越高。人们对公路需求在快速、安全等需求的基础上增添了舒适温馨等新的需求。

(3)环境的变化。系统需求的变化也离不开外界环境的变化。在20世纪,我国的交通运输需求主要体现在三高目标上,即高品质服务、高安全、高效率。后来在能源匮乏、环境污染严重等世界背景下,人们对可持续发展的需求越来越大,在交通运输领域也就产生了对节能环保的需求。主要希望交通系统通过利用新能源、节能减排等形式抵消自身产生的以二氧化碳为代表的温室气体排放量,助力实现"碳中和",达到相对"零排放"。

可见,智慧交通系统的需求体系是在智能交通系统需求的基础上,通过上述方式涌现出新的需求最终实现重构的。本节通过对我国交通运输系统各阶段需求进行分析,从用户需求角度构建智慧交通系统的需求体系。

根据公路智能交通系统框架的研究成果,城市轨道运输系统曾提出"高安全、高效率、高品质服务"的三大目标,在一定程度上可以表示早期交通运输系统的系统需求。

其中,高安全主要指提升整个交通运输系统的安全性。从交通参与者的角度,要求系统具有较高的稳定性和可靠性,能够尽量不出现事故。从运营管理者和相关社会公共机构的角度,要求系统具备相应的应急救援与安全系统,能够监测系统的安全运行,在事故将要发生时及时报警以避免事故发生,事故发生后及时处置。

高效率指提升交通运输系统的运行效率。从交通参与者的角度,要求能够快速便捷地实现自身或相关货物的位移;从运营管理者的角度,要求系统具有更高的运量和稳定高效的运行效率。

高品质服务,对交通参与者来说,指在参与交通的各个环节内享受到的服务质量进一步提高;对交通管理者来说,要求系统在服务理念、服务方式上更新换代,利用先进技术提升服务品质。

如今,随着社会的不断进步,通信、传感、控制等技术的快速发展,交通系统进入智慧交通阶段,智慧交通系统在原有系统基础上,也增添了智慧自主、人性服务等新的系统需求,下面将从系统用户的角度对系统需求进行梳理。

从系统外部用户来看,乘客、货主、驾驶员、行人等智慧交通系统使用者对智慧交通系统的需求主要包括安全可靠、方便快捷、人性服务三个方面,见表1-1。

从系统内部用户来看,运营管理、养护维修等交通系统工作人员对智慧交通系统的需求主要是安全可靠、经济高效、智慧自主1个方面;从相关社会公共机构角度来看,政府部门、环保部门、公共安全部门等机构对智慧交通系统的需求主要是安全可靠、节能环保两个方面,具体见表1-1。

由此,得到智慧交通系统安全可靠、经济高效、方便快捷、节能环保、智慧自主、人性服务共六大系统需求。

表1-1 智慧交通系统需求分析

用户	对智慧交通系统的需求
系统外部用户（乘客、货主、驾驶员、行人）	安全可靠：安全可靠是交通系统最基本的需求之一，从交通系统参与者角度，主要指在参与交通系统运行过程中，不遭遇事故，不受到生命财产的损失或产生的损害能控制在可接受水平以下
	方便快捷：方便快捷作为交通系统最初的需求之一，指交通运输参与者能够快速便捷地实现自身或相关货物的位移。在智慧交通背景下，随着技术的不断进步，旅客对方便快捷的要求也会进一步提高
	人性服务：指在智慧交通系统中采用大量人性化设计，为旅客提供全方位、全过程出行服务，满足旅客多样性和个性化服务要求，提高旅客出行体验。在智慧交通背景下，系统融入了物联网、云计算等高新IT技术，通过使用数据挖掘、智慧分析等手段，基于实时数据提供服务，并能进行人机互动，充分满足人的个性化需求
系统内部用户（运营管理人员、养护维修人员）	安全可靠：指通过设施设备、运输过程及自然环境等的状态感知，实现设备故障、交通事故的预测、预警，突出超前防范，整体提升智慧交通系统的运行安全保障能力
	经济高效：指通过在交通组织管理、设施设备监测等方面的智慧优化，提高运输效率，降低养护维修成本，实现经营管理精益化，提高经营效益
	智慧自主：指用智慧技术取代传统的某些需要人工判别和决断的任务，实现功能自主化和智慧决策，达到最优化
相关社会公共机构（政府部门、环保部门、公共安全部门）	安全可靠：相关社会公共机构对系统同样有安全可靠的需求。系统安全性主要指系统尽量避免事故发生，系统可靠性指在规定的时间内系统能够完成规定的功能
	节能环保：指降低交通系统的能源消耗。优化设备性能，降低环境、噪声等方面污染，促进智慧交通系统绿色发展和可持续发展

（三）智慧交通系统目的分析

如果说系统需求是智慧交通系统发展的一种较宽泛的意愿，目标则可以定义为系统计划达成的事情，系统目标更多是对系统效果的描述，往往具有可量化的目标值，可以理解为"做成什么样"。爱德华·克劳利曾在《系统架构：复杂系统的产品设计与开发》一书中提出一种系统需求到目的的转化方式，本节将以高速公路为例，对这种方法进行介绍，并从安全可靠、经济高效、方便快捷、节能环保、智慧自主、人性服务六大系统需求出发，简单给出智慧公路子系统的系统目标。

系统目标可以看作系统架构环节需要做出的决策。在设定系统目标时，应该依据下面5项标准来做决策：

(1)有代表性的：目标要能够代表利益相关方所提出的需求，使得系统能够通过满足这些目标,进而来满足利益相关方的需求。

(2)完备的:如果能够满足所有的目标,那么就可以满足所有较为优先的利益相关者的需求。

(3)可以由人类解决的:目标是可以为人所理解的,而且能够提升解题者找寻解决方案的能力。

(4)一致的:目标之间不能相互冲突。

(5)可达成的:目标必须能够以可用的资源来实现。

《系统架构:复杂系统的产品设计与开发》一书中曾提出一种"To-By-Using"(为了-通过-使用)框架来对系统目标进行描述。

为了:对与特定解决方案无关的意图所做的陈述。

通过做某事:对与特定解决方案相关的功能所做的陈述。

使用:对形式所做的陈述。

智慧交通系统目的见表1-2。

表1-2 智慧交通系统目的

系统需求	系统目的
安全可靠	通过设施设备、运输过程及自然环境等的状态感知,来进行设备故障、交通事故的预测、预警,实现超前防范
	通过系统自检,减少系统故障发生,及时修复故障
	通过在特殊情况下进行调整,保障系统的稳定运行
经济高效	通过交通组织管理智慧优化,提高运输效率 通过系统产业化,降低系统建设运营、养护维修成本 通过经营管理精益化,实现较高的经营效益 通过系统设备自检,保证设施设备较长的使用寿命 通过应用标准化的设备或体系,保证系统的更新换代
方便快捷	通过基础设施建设,来提供完善的交通基础设施
	通过建设交通网络,紧密衔接各交通方式,来提供连续的无缝隙的交通服务
	通过交通信息实时公布,来实现交通信息的透明完整
节能环保	通过运用清洁环保新能源,降低交通系统的能源消耗
	通过运用清洁环保新能源,降低环境、噪声等方面的污染
系统需求	系统目的
智慧自主	通过智慧交通新技术应用,实现系统少人化乃至无人化
	通过智慧决策自主系统,实现系统智慧控制
人性服务	通过服务定制,为旅客提供全方位、全过程出行服务
	通过智慧分析决策,满足旅客多样性和个性化服务要求

To-By-Using框架最为重要的一项目标，就是使人能够在问题陈述中，关注"向主要用户体现价值"这一意图。比如，在分析智慧公路子系统目标时，是把旅客当成主要用户的；在构造上述描述时，应该把系统对主要用户所体现的价值，率先表达出来。依据上述方式，我们从系统需求出发达到智慧公路子系统的系统目的。

二、智慧交通系统评价指标体系

（一）构建评价指标体系的意义

对于为什么构建系统评价指标体系，以及构建评价指标体系的意义，诸多专家学者给出过自己的解释，本节中参考这些说法，从以下四个方面分析智慧交通系统评价指标体系构建意义。

1.理解智慧交通系统产生的影响

构建智慧交通系统的评价指标体系能更好地了解智慧交通系统建设与原有交通条件改善之间的关系。对交通系统及其使用者产生的影响，以及给社会、经济和环境带来的影响，综合起来就构成了评价的内容。

2.量化智慧交通系统带来的各方面效益

投资者投资项目必须首先了解该项目所能带来的效益，无论政府部门还是相关交通运输机构都希望可以用一个可量化的指标对系统的各方面效益进行评判。

当然，对智慧交通系统的评价不能仅仅局限在经济效益方面，还应该从系统需求和系统目标的角度出发，构建全方位系统性的评价指标体系。

3.引导智慧交通系统的未来发展

智慧交通系统评价指标体系的构建，可以给决策者提供一个定量的评价指标，从一定程度上引导智慧交通系统的发展。评价指标体系能够帮助决策者更好地了解人们的需求，并且有利于今后智慧交通系统的进一步发展。

4.优化智慧交通系统的设计和运作

智慧交通系统的评价指标体系可以帮助已有的交通设施和交通系统找到需要改进的方向，从而使管理者和设计者能够更好地调整、改进和优化系统的设计及运作。

（二）具体的评价指标

通常，对交通系统进行的评价往往从技术评价、经济评价、社会经济效益评价、环境能源效益评价、风险分析、产业化评价等角度入手。具体来说，技术评价是指从技术的角度出发，通过对项目中各技术指标的分析和测算，考察系统是否达到了设计的技术要求。经济评价是指对系统产生的经济效益进行的评价。社会经济效益评价是指从宏观角度分析智慧交通系统使用后对社会经济、社会发展产生的影响。环境能源效益评价是指定性定量地分析智慧交通系统对能源消耗、大气、噪声等所产生的各种直接或间接的影响。

风险分析是指用定性定量分析的方法,对系统建设、运行及管理过程中的潜在风险进行分析。产业化评价是指分析智慧交通系统与其他产业的关联关系,并评价产生的效益和影响。

这样的评价方式虽然在内容上具有一定的参考意义,也确实能在一定程度上反映出交通系统的各方面情况,但总体来说相对独立,在逻辑结构等方面没能和系统需求紧密结合起来。

在本节先前部分,已经分析了智慧交通系统安全可靠、经济高效、方便快捷、节能环保、智慧自主、人性服务六大需求,并提出了相应的系统目标。本节将从智慧交通系统需求和目标出发提出相应的评价指标体系。

按照系统需求,智慧交通系统评价指标体系也分为安全可靠、经济高效、方便快捷、节能环保、智慧自主、人性服务六大部分。考虑到不同交通方式特征不同,对其对应属性的判断不能一概而论,在部分具体指标上,评价指标体系对道路、公路、民航等子系统采用不同的指标进行评判。

1.安全可靠

安全可靠评价指标包括责任事故发生率、重大事件响应时间、安全预警能力、事故频率、运行图兑现率等。

责任事故发生率是指在单位时间内智慧交通责任事故发生的数量。智慧交通智能化程度越高,其智慧交通责任事故发生率越低。

重大事件响应时间是指当智慧交通系统发生重大事件时关键应急处置资源的到位时间。智慧交通智能化程度越高,其重大事件响应时间越短。

安全预警能力是指智慧交通系统对自身安全态势判别的准确性和及时性。智慧交通智能化程度越高,安全预警能力越高。

2.经济高效

经济高效评价指标包括运输密度、机车车辆利用率、投资利润率、客运收入、货运收入、高峰时段行车间隔、系统运营时间、土地资源及交通基础设施投资强度等。

运输密度是指单位里程所完成的客运周转量或货物周转量。智慧交通智能化发展阶段越高,其指标也越高。

机车车辆利用率是指每台机车车辆完成的客运周转量或货物周转量。智慧交通智能化发展阶段越高,其指标也越高。

3.方便快捷

方便快捷评价指标包括运输服务网络覆盖率、出行时间、旅行速度等。

运输服务网络覆盖率是指智慧交通系统服务网络覆盖地区占智慧交通系统运输覆盖

地区的百分比。智慧交通智能化阶段越高，其运输服务网络覆盖率越高。

4.节能环保

节能环保评价指标包括吨公里能耗、新能源渗透率、土地资源占用率、温室气体排放、交通噪声污染等。

吨公里能耗是指平均完成换算周转量所耗费的能源总量。智慧交通智能化程度越高，吨公里能耗越低。

新能源渗透率是指在智慧交通系统中运用清洁环保新能源的比例。智慧交通智能化程度越高，新能源渗透率越高。

5.智慧自主

智慧自主评价指标包括状态感知度、数据共享率、智慧决策程度等。

状态感知度是指利用物联网、传感网等技术手段获取智慧交通系统运行状态的程度，具体指获取状态感知的智慧交通对象占智慧交通系统全部构成对象的百分比。智慧交通智能化程度越高，其状态感知度越高。

数据共享率是指智慧交通业务系统之间数据信息互联互通的程度，具体指系统间共享数据量占所有数据的百分比。智慧交通智能化程度越高，其数据共享率越高。

智慧决策程度是指智慧交通系统进行决策执行的智能化程度，具体指采用人工智能或无人自动化方式进行决策执行的业务单元数量占全体业务单元数量的百分比。智慧交通智能化程度越高，其智能决策程度越高。

6.人性服务

人性服务评价指标包括服务正点率、旅客出行满意度等。

服务正点率是指智慧交通正点运行次数占总行车次数的比值。智慧交通智能化程度越高，其服务正点率越高。

乘客出行满意度是指乘客对智慧交通运输服务的可得性、便捷性、舒适性和安全性等方面的综合满意程度。智慧交通智能化程度越高，其乘客出行满意度越高。

由此，本节从系统用户出发，梳理出智慧交通系统"安全可靠、经济高效、方便快捷、节能环保、智慧自主、人性服务"六大系统需求，并按照"To-By-Using"这一特定描述方式，将需求转化为具体的系统目标。之后从需求出发，构建了智慧交通系统的评价指标体系。

系统需求与目标，作为复杂系统架构设计的起点，为整个智慧交通系统架构的设计提供了顶层引导，系统评价指标则为智慧交通系统的设计和建设提供了评价方法。智慧交通系统只有满足了系统需求、实现了系统目标，才能体现自身的价值。需要注意的是，本节主要提供了系统需求分析及目标转化的逻辑方法，并给出了共性的系统需求及目标；但针对具体的智慧交通系统，其系统需求与目标重要性会有很大不同。因此，具体的交通系统，需要对系统需求与目标的重要性进行分析，以抓住主要系统用户的主要需求。

需求体系、系统目标及评价指标体系的分析构建，一方面与逻辑架构、物理架构一起，构建起智慧交通系统架构；另一方面也为逻辑架构、物理架构的构建提供了基础。下一节将从系统需求、目标出发，对系统功能、形式进行梳理，重构智慧交通系统逻辑架构与物理架构。

第三节　智慧交通系统架构

对于架构，诸多专家学者、科研机构都曾给出相关定义。用最简单的话来说，架构可以定义为"对系统中的实体及实体之间的关系所进行的抽象描述"。架构设计则是在系统需求的指导下，对系统内部实体进行筛选并重建实体关系。对交通运输系统来说，交通系统架构就是确定和描述满足系统需求所必须具备的功能，实现这些功能的物理子系统，以及各功能之间、各物理子系统之间的结构关系。智慧交通系统架构则是在新的发展背景和技术条件下，对智慧交通系统的系统需求、系统功能、组成部分、应用技术进行研究，构建智慧交通系统的功能层次、功能关系、物理子系统以及子系统关系，为新一代智慧交通系统的设计建设提供宏观规划与指导。

本节将在这些架构的设计方式和相关经验的基础上，构建一种适应多种交通方式的、共性的新一代综合智慧交通系统体系架构，从顶层宏观的角度，为综合智慧交通系统的建设提供共性的体系架构，以引导其协同快速发展。作为智慧交通系统建设的起点和依据，智慧交通系统的架构设计，对建立统一的智慧交通体系、促进不同交通方式智慧化的统一发展具有重要意义。

传统交通系统架构往往包含以下几方面内容：用户主体分析、服务框架构建、逻辑架构构建、物理架构构建以及经济技术评价。第二节已从用户主体出发，对系统需求、系统目标进行了分析，并构建了智慧交通系统评价指标体系。

其中，逻辑框架是对智慧交通系统内部结构的逻辑描述，即针对智慧交通系统需求，定义出满足对应目标应具有的最合理的数据源、数据输出和处理过程，以及输入数据、中间数据和输出数据与处理过程的相互关系。物理框架是对智慧交通系统的物理实现的描述，即将逻辑框架中所定义的各类功能模块及数据流进行整合，定义出能实现智慧交通系统各类功能的物理子系统，以及这些子系统之间交互的框架流及其关系。

通俗来说，逻辑架构和物理架构本质上就是对系统的功能和形式进行分析：其中，逻辑架构研究系统功能，即系统做什么；物理架构研究系统形式，即系统是什么。形式通过实现功能而体现出价值，功能也必须借助某种形式才能得到执行。下面，将对智慧交通系统的逻辑架构与物理架构进行重构。

一、智慧交通系统逻辑架构

逻辑架构基于智慧交通系统需求、系统目标，确定智慧交通系统为满足用户需求所必须提供的功能及各功能间交互的信息流和数据流。它是从功能实现的角度为智慧交通系统提供一个通用的顶层框架,不涉及具体的实现技术及实施方案,具体功能由谁来实现、如何实现则由物理架构完成。

（一）逻辑架构设计方法

为方便对系统功能进行研究,本节首先将系统功能分为两类。一类是系统主要功能,也就是系统对用户体现的、与系统需求相关的主要功能。具体来说,这个功能必须是系统主要的功能,也就是构建这个系统时想要达成的功能。系统的主要功能必须对某类系统用户造成影响,满足某种用户的需求,才能体现出系统的价值。另一类是系统内部主要功能,这些内部功能虽然并不向系统外界表现自己的价值,但这些内部的功能之间,也会形成一些关系。正是由于内部功能发挥各自的作用,紧密联系,协同配合,系统对外展现的主要功能才能得以实现。

举例来说,对于公路防灾监测系统,保障安全就是系统的主要功能,这也是乘客、交通运输集团、政府部门等系统用户最关注的功能。防灾监测系统正是通过保障安全才体现了自身的价值。而为了满足安全保障这一主要功能,防灾监测系统需要对运行线路上的列车状况、天气状况进行监测,对感知到的数据进行分析处理,判断是否会有危险发生,并在需要的时候对列车运行进行控制。这些功能并不会直接对系统用户进行展现,但正是这些功能的存在并发挥作用,才使得安全保障这一主要功能得以实现,本节将这些功能统称为系统内部功能。

接下来对系统逻辑架构进行设计,主要遵循以下三个步骤:

1.系统功能域划分

本步骤主要针对系统的主要功能,完成功能域的划分。系统的各个功能域,也就是系统各个主要功能的代表。上文已经谈到,系统主要功能是系统对用户体现的、与系统需求紧密直接相关的,因此,此步骤从系统需求出发,划分系统的主要功能域。

2.各功能域内部主要功能梳理

在各功能域划分的基础上,本步骤对各功能域,也就是各主要功能进行细分,梳理出各主要功能的系统内部主要功能构成。

3.系统逻辑架构构建

考虑到系统对系统用户所展现的主要功能,正是从内部功能的交互中涌现出来的。在确定内部功能之后,本步骤主要分析各内部功能之间的关系,通过功能与功能交互关系的整合,完成系统逻辑架构的构建。下面将依照上述步骤,对智慧交通系统的逻辑架构进行构建。

（二）系统功能域划分

首先本节从系统需求出发,对系统的主要功能进行梳理,划分出智慧交通系统功能域。本步骤将系统主要功能分为六大类型,分别为用户信息服务、紧急救援与安全、综合运输、交通规划管理、运营管理、交通工具管理,每类又可细分为几项具体的主要功能。

具体来说,用户信息服务可细分为出行前信息服务、出行时信息服务、出行者信息服务、出行保障服务;紧急救援与安全可细分为紧急事件反应、紧急车辆管理与决策、危险预防、交汇处安全管理;综合运输可细分为信息共享、客运联运决策、货运联运决策;交通规划管理可细分为交通管理、交通规划、交通法执行与监督;运营管理可细分为客运管理、货运管理;交通工具管理可细分为交通工具运行管控、交通工具基础服务。

(三)各功能域内部主要功能梳理

接下来,对各项系统主要功能的内部主要功能进行研究梳理,见表1-3。可以看出,各项主要功能的内部主要功能之间,总体上依据"感知→传输→处理→决策→控制"这一基本流程来保证主要功能的实现。因此,我们从这五个层次出发,对智慧交通系统主要内部功能进行梳理。

表1-3　智慧交通系统内部主要功能

系统主要功能		系统内部主要功能				
类别	功能	感知	传输	处理	决策	控制
用户信息服务	出行前信息服务	感知出行前信息	传输出行前信息	管理出行前信息	制定出行决策	显示出行前信息
	出行时信息服务	感知出行时信息	传输出行时信息	管理出行时信息	制定换乘决策	显示出行时信息
	出行者信息服务	感知出行者信息	传输出行者信息	管理出行者信息	制定出行决策	显示出行者信息
	出行保障服务	感知出行状态信息	传输出行状态信息	管理出行状态信息	进行调度决策	实时车流诱导
紧急救援与安全	紧急事件反应	感知紧急事件信息	传输紧急事件信息	处理紧急事件信息	制定救援决策	实时紧急救援
	紧急车辆管理与决策	感知车辆信息	传输车辆信息	处理车辆信息	制定安全决策	控制车辆运行
	危险预防	感知风险物状况信息	传输风险物状况信息	处理风险物状况信息	决策危险等级	显示危险预警
	交汇处安全管理	感知交汇处信息	传输交汇处信息	处理交汇处信息	制定调度方案	实时调度管控

续表

系统主要功能		系统内部主要功能				
类别	功能	感知	传输	处理	决策	控制
综合运输	信息共享	感知各系统信息	传输各系统信息	融合各系统信息	决策信息发布	显示综合交通信息
	客运联运决策	感知客运系统信息	传输客运系统信息	融合客运系统信息	综合客运方案决策	执行综合客运方案
	货运联运决策	感知货运系统信息	传输货运系统信息	融合货运系统信息	综合货运方案决策	执行综合货运方案
交通规划管理	交通管理	感知运输资源信息	传输运输资源信息	处理运输资源信息	制定资源应用方案	实施资源管控
	交通规划	感知维修资源信息	传输维修资源信息	处理维修资源信息	制定维修方案	实施维修方案
	交通法执行与监督	感知违法违规信息	传输违法违规信息	处理违法违规信息	决策处罚方案	发布处罚方案
运营管理	客运管理	感知客运信息	传输客运信息	处理客运信息	制定客运方案	实施客运方案
	货运管理	感知货运信息	传输货运信息	处理货运信息	制定货运方案	实施货运方案
交通工具管理	交通工具运行管控	感知交通工具运行状况信息	传输交通工具运行状况信息	交通工具运行状况分析	综合智慧调度管理	智慧交通工具控制
	交通工具基础服务	感知交通工具状况信息	传输交通工具状况信息	交通工具状况分析	智慧服务决策	提供个性服务

（四）系统逻辑架构构建

从智慧交通系统"安全可靠、经济高效、方便快捷、节能环保、智慧自主、人性服务"等系统需求出发，依据系统"用户息服务、紧急救援与安全、综合运输、交通规划管理、运营管理、交通工具管理"六大类主要功能，以及"感知→传输→处理→决策→控制"五层系统内部功能及功能交互关系，构建智慧交通系统逻辑架构。

其中，系统内部主要功能依照"感知→传输→处理→决策→控制"这一交互关系，实现了系统主要功能，满足了系统用户的需求，实现了系统价值。

由此,本节重构了智慧交通系统逻辑架构,从智慧交通系统需求出发,完成了对系统功能及功能交互关系的梳理,为具体智慧交通系统的构建,提供了一个从需求到功能的设计方法,从功能实现的角度为智慧交通系统构建提供/通用的顶层框架。

二、智慧交通系统物理架构

如果说逻辑架构是从逻辑角度描述智慧交通系统内部结构,那物理架构则是系统的物理视图,是对系统具体形式的研究。物理架构通过对逻辑架构中梳理出的各类系统功能进行整合,形成若干个具有一定功能、满足系统需求的物理子系统。物理架构在逻辑架构的基础上,从物理层面提供了从功能到形式的设计过程,以及功能实现的具体的实现技术及实施方案。

(一)物理架构设计方法

系统物理架构的设计主要遵循以下三个步骤。

1.物理实体清单构建

本节开头曾经谈到,物理架构是对系统形式的研究,由多个物理实体构成。这种实体一方面是有形对象。例如,系统中的车辆、行人、站场等;另一方面也包含一些信息对象,例如指令、条件、数据等。考虑到形式是系统的物理体现或信息体现,且对功能的执行起到工具性的作用,由逻辑架构到物理架构本质上也是一个映射优化的过程物理架构构建的第一步就是从系统功能出发,映射出实现功能所需的具体物理实体,并列出实体清单。

2.物理子系统抽象整合

物理子系统可以视为某类物理实体的集合,例如,交通工具从某种意义上就可以视为一个包含车辆、火车、飞机等物理实体在内的物理子系统。由于本书希望构建一个涵盖多种运输方式的共性的系统架构,而不是局限于某类特定的交通系统,需要对具体的物理实体进行抽象整合,将同类型的物理实体进行聚类,形成对应类型的物理子系统。

这种聚类可以从以下两个角度进行。

一是从形式进行聚类。部分系统实体,可能在形式上具有同种非常显著的特性,例如在飞机、火车、车站、轨道这四项物理实体中,可以较为轻松地将飞机、火车归为交通工具,而将车站、轨道归为基础设施。

二是从功能进行聚类。当物理实体在形式上没有明显的区别时,可以考虑从功能出发进行聚类,尤其是一些无形的信息实体,例如,形式上同为软件系统的物理实体,可以从功能上分为运营管理系统和安全保障系统等不同物理子系统。

3.系统物理架构构建

本步骤将对物理子系统进行整合,构建智慧交通系统物理架构。一方面对之前列出的物理子系统进行检查,从智慧交通系统的需求、目的、特性出发,对上一步抽象出的物理子系统进行合并或分解。另一方面,对各个子系统之间的关系进行研究。部分文献或著作将这种关系称为结构,对于智慧交通系统来说,物理实体或物理子系统只是组成系统的零件,而关系则是"拼装"这些零件的方法。此外,形式关系对功能交互通常起着工具性的作用,它通常承载着功能交互。

从类型上说,各个子系统之间的关系主要包含两种:一种为空间拓扑关系,它描述的是相关的物体位于何处,这些关系只蕴含着位置信息和布局信息,而不具备在对象之间进行传输的能力;二是连接关系,它会为相连接的对象明确提供一种能力,使其能够传输或交换某些东西。

下面将依照上述步骤,对智慧交通系统的物理架构进行构建。

(二)物理实体清单梳理

本节主要从逻辑架构的系统功能出发,梳理出对应的物理实体,包含车辆、船舶、公路、轨道、隧道、高架道路、旅客联运系统、行车调度系统、编组站系统、车辆监视系统、防灾监控系统、应急救援系统、光纤、电线、无线传输网络等。

(三)物理子系统抽象整合

梳理出对应的物理实体之后,从形式上将部分实体归类为智慧交通运输工具及智慧交通基础设施;从功能上将剩余实体归类为智慧客货服务系统、智慧运营管理系统、智慧安全保障系统以及智慧信息传输网络。

具体来说,从形式角度出发,主要针对交通系统中的物理实体,将车辆、火车、船舶、飞机等归为交通运输工具类,将公路、轨道、隧道、高架道路、机电设备等归为基础设施类。从功能角度出发,将旅客联运系统、货物装卸搬运系统归为客货服务类,将行车调度系统、编组站系统归为运营管理类,将车辆监视系统、防灾监控系统、应急救援系统归为安全保障类,将光纤、电线、无线传输网络归为信息传输类。

(四)系统物理架构构建

在物理子系统汇总的基础上,我们对各个物理子系统之间的空间拓扑关系及连接关系进行研究,见表1-4。

从空间拓扑关系上来说,交通运输工具运行于交通基础设施中,基础设施包含围绕着交通运输工具。而基础设施、运输工具与信息传输网络之间可能存在一定的接触或接近关系。

从连接关系上说,运输工具与基础设施间存在泛在互联关系;智慧客货服务系统、智慧运营管理系统、智慧安全保障系统之间存在智慧互联的关系;信息传输网络与其他五个物理子系统之间均存在连接关系,以进行信息传递。

表1-4 物理子系统空间拓扑/连接关系

空间拓扑/连接关系	智慧交通运输工具	智慧交通基础设施	智慧客货服务系统	智慧运营管理系统	智慧安全保障系统	智慧信息传输网络
智慧交通运输工具	—	位于其中 / 泛在互联				可能接触 / 信息传递
智慧交通基础设施	包含围绕 / 泛在互联	—				可能接触 / 信息传递
智慧客货服务系统			—	无 / 智慧互联	无 / 智慧互联	无 / 信息传递
智慧运营管理系统			无 / 智慧互联		无 / 智慧互联	无 / 信息传递
智慧安全保障系统			无 / 智慧互联	无 / 智慧互联		无 / 信息传递
智慧信息传输网络	可能接触 / 信息传递	可能接触 / 信息传递	信息传递	无 / 信息传递	无 / 信息传递	—

根据表1-4梳理出的物理子系统间的空间拓扑与连接关系,我们构建出智慧交通系统物理架构。根据子系统间的相互关系,我们将该物理架构分为三层,第一层为有形对象,包括智慧交通基础设施和智慧交通运输工具;第二层为智慧信息传输网络;第三层为信息对象,包括智慧客货服务系统、智慧运营管理系统以及智慧安全保障系统。

由此,本节完成智慧交通系统物理架构的构建。在逻辑架构的基础上,提供了一个从功能到形式的设计方法,从功能实现的具体技术与方案的角度,为智慧交通系统的构建提供了宏观规划与指导。

三、智慧交通系统架构应用

本节前部分研究智慧交通系统的用户主体,分析了智慧交通系统需求与目标,构建了智慧交通系统评价指标体系,建立了智慧交通系统逻辑架构和物理架构,最终完成了智慧交通系统架构的构建。

这一套智慧交通系统的架构,实质上提供了一种从需求到功能,从功能到形式的多对多映射方法,为具体智慧交通系统的建设开发提供了指导。其中,逻辑架构阐述了在不同系统需求下,系统需要具备哪些功能,以及功能间应该具备怎样的交互关系;而物理架构则说明面对不同的系统功能,应该如何筛选、组合不同的物理实体,利用不同的技术方法来将功能实现。

面对具体的交通系统,自然会有不同的系统需求、不同的应用场景、不同的技术手段乃至不同的经济条件。在多方面约束下,针对具体交通系统,构建出来的逻辑架构也一定会具有自身特性,与众不同。而面对同一种逻辑架构,也可以使用不同的物理架构予以实现。因此,本书架构设计的目的就是为具体的智慧交通系统的设计与建设提供一种共性的设计方法,提供一种可配置、可重构的架构体系,来引导智慧交通系统设计与建设。

第四节 智慧交通系统关键技术

概括来说,智慧交通系统是在特定需求引导下,综合应用一系列先进技术而形成的新一代综合交通运输系统。在第二节中,已经对系统需求进行了分析,本节将对智慧交通系统相关的关键技术进行介绍。

从智慧交通系统体系框架构建中,可以发现,智慧交通系统从运作流程上可分为五个环节:采集系统运行需要的各类信息,完成对相关信息的传输,对采集到的信息进行分析处理,基于信息做出决策,对智慧交通系统的运行进行控制。由此,本节将与智慧交通系统有关的技术分为信息采集、通信传输、数据处理、智慧决策、智慧控制五大类。此外,考虑交通运输领域目前应用到的很多新兴技术并不只服务于单一环节,而是作为一个集成的系统存在并提供技术服务的,例如数字孪生、信息物理系统等,实际是由信息采集、传输等多种类型的技术组合而成,因此难以拆分开来进行研究。

我们将交通系统发展过程中出现的典型技术及应用进行了列举,可以发现,从早期的人工调查、人工控制到各类机械设备、电气设备的诞生,从电子计算技术的出现到自动决策、自动控制等技术的发展应用,交通运输技术的发展具有显著的时代特征。不同时代下,交通运输技术也有着独具特征的应用。早期机械化时期,开始出现交通信号灯等机械新技术;随着电力的发展,诞生了无线电传输、电动信号等电气化技术;随着计算机技术的发展,视频检测、移动通信、数据库、机器学习、自动控制等技术蓬勃发展;21世纪以来,物联网、大数据、5G通信、人工智能等更是推动交通系统不断向智慧化发展。下面,将对不同类型交通技术在各个阶段的发展情况、典型技术以及未来发展趋势等进行具体介绍。

一、智慧交通信息感知技术

交通信息感知是智慧交通系统的基础环节和重要组成部分,它为智慧交通系统后期的处理决策、管理控制提供了科学依据。准确、及时、完整的信息感知,对整个智慧交通系统的有效运行起到非常重要的基石作用。

（一）交通信息感知技术发展历程

交通信息感知技术的发展,大致可分为三个阶段,见表1–5。

表1-5 交通信息感知技术发展历程及典型技术

阶段	代表技术	技术简介	技术特点及应用
第一阶段	按键式人工计数、居民出行调查	通过人工计数、人工发放问卷调查等方式完成交通信息感知	主要依靠人工计数，至今仍具有一定实用性
第二阶段	感应线圈车辆检测	通过线圈电感量的变化检测车辆通过状态	测速精度和交通量计数精度较高，工作稳定性好，不受气象和交通环境变化的影响，应用极为广泛
第三阶段	地磁车辆检测（UVD）技术	主要利用的是地磁场，车辆、行人通过会引发电磁场强度变化，通过捕捉电磁场的强度变化来感知信息	具有体积小、精度高、路面破坏小、外界环境干扰小等特点，多应用于停车计费管理，车流量、车辆类型等数据的收集
	微波检测技术	一种利用微波频段的雷达探测器，其向行驶的车辆发射调频微波，波束被行驶的车辆阻挡而发生反射，反射波频率会偏移，通过频率偏移感知车辆通过	价格适中，安装、维修、移动方便，后期运营成本较低。主要应用于高速公路、城市快速路、路口和桥梁的交通参数采集，特别适合车流量大、车辆行驶速度均匀的道路
	视频检测技术	通过在区域安装摄像机来获取视频图像，利用计算机从视频图像中提取用于交通分析和决策的信息	具有检测范围少、安装无干扰、检测参数多、可视性强的特点。正逐渐向高清视频和智能视频方向发展。主要应用于交通参数提取、违章信息收集检测、辅助信号控制、事故与拥堵检测等
	基于RFID的交通信息感知	通过读卡器读取标签，实现对交通信息的感知。可以有效地解决现有检测技术不稳定、可靠性不高的问题	具有无须接触、环境适应性强、可同时识别多个标签、适合于高速运动的物体、标签数据可动更改、使用寿命长、安全性高等多个优势。目前广泛地于物流、交通运输等领域，如ETC
第三阶段	无线定位技术（WLT）	通过对无线电波的一些参数进行测量，根据特定的算法来判断被测物体的位置	20世纪80年代已展开相关研究，现已成熟。如美国的ADVANCE和CAPITAL项目，澳大利亚悉尼科技大学的GPS蜂窝无线车辆定位比较实验

　　早期的交通信息感知技术主要以人力为主，后随着交通量不断增大，以及先进技术的发展应用，出现了磁频采集、波频采集等信息感知方式，运用的技术主要有磁力检测、微波检测、超声波检测、红外线检测等。其中，应用比较广的有磁力检测、微波检测；超声波、

激光和红外线等信息采集技术分别由于使用寿命、安全、红外线污染等原因,应用较少。

随着交通系统的不断发展,客货运量不断提升,传统的交通信息采集感知方式就出现了不足。

一方面,原有采集方式采集到的信息不够全面,调度管理人员难以掌握现场的实际情况,需要视频检测类技术的支持;另一方面,交通系统对实时动态交通信息需求的不断提高,世界各国交通管理部门和科研人员开始进行交通移动采集技术的选择和实验,希望借助移动采集技术的特点弥补固定采集技术的缺点,完善整个交通信息感知系统。视频检测、射频识别、无线定位等技术的应用也不断推广起来。

(二)智慧信息采集关键技术

未来,智慧交通系统对信息采集的实时性、准确度、完整度的要求将会更高,此外,智慧信息采集技术的重要发展方向就是实现全面感知,即智慧交通信息采集系统需要应用各类物联网感知技术和手段,实现对交通参与者、交通运输基础设施、交通状态、气象环境状态、机电设备状态等要素的全样本感知,并通过多种接入方式将感知信息传输至交通通信网络。这些都需要新技术的填补。目前,基于无线传感器网络(WSN)提出的一种视觉传感器网络(VSN)吸引了学术界的广泛关注。

无线传感器网络是由部署在监测区域内大量传感器节点相互通信形成的多跳自组织网络系统,是物联网底层网络的重要技术形式。随着无线通信、传感器技术、嵌入式应用和微电子技术的日趋成熟,WSN可以在任何时间、任何地点、任何环境条件下获取人们所需信息。由于WSN具有自组织、部署迅捷、高容错性和强隐蔽性等技术优势,非常适用于智能交通系统等众多领域。

现有的无线传感器网络一般测量标量数据,像温度、压力、湿度或目标的位置等信息。这种网络采集和处理的信息有限,迫切需要将信息量丰富的图像、视频等视觉信息引入到传感器网络中来,实现细粒度、精准信息的环境监测。随着近期成像技术和微机电系统的进步,大规模生产的小型、低能耗、低成本的图像视频传感器已经推动了视觉传感器网络的发展。

二、智慧决策技术

如果说智能交通的实质是用计算机和网络取代传统的手工流程操作,智慧交通的实质则是用智慧技术取代传统的某些需要人工判别和决断的任务,并达到最优化。可见决策技术是智慧交通系统与智能交通系统之间的最大不同和本质区别,也是智慧交通系统中最重要的技术之一。

(一)决策技术发展过程及现状

如表1-6所示,早期的决策主要采用人工决策的方式,利用人脑进行决策,随着计算机技术和应用的发展,科学计算、数据处理、管理信息系统以及运筹学和管理科学等,为决策支持系统的形成打下了基础。决策支持系统(DSS)是20世纪80年代迅速发展起的新型计算机学科。20世纪70年代初由美国Morton在《管理决策系统》一文中首先提出决策支持系统的概念。

最初的决策支持技术利用专家系统,预先把专家(决策者)的建模经验整理成计算机表示的知识,组织在知识库中,并用称为推理机的一组程序来模拟决策专家的思维推理,形成一个智能的部件。之后诞生了基于机器学习的DSS,由于其能自动获取知识,在一定程度上能解决专家系统中知识获取"瓶颈"问题。第三阶段,智能决策支持系统、数据仓库、数据挖掘等技术陆续出现,极大丰富了决策支持技术。

表1-6 决策技术发展历程及典型技术

阶段	代表技术	技术简介	技术特点及应用
第一阶段	人工决策	利用人脑做出决策	效率较低,耗费人力,面向数据量少
第二阶段	决策支持系统	预先把专家的建模经验整理成计算机表示的知识,组织在知识库中,并用称为推理机的一组程序来模拟决策专家的思维推理	是目前应用较成熟的一个领域,一般由知识库、推理机及数据库组成,用自动推理的方式进行问题求解
	机器学习	通过计算机模拟人类学习来获得人类解决问题的知识	能自动获取知识,在一定程度上能解决专家系统中知识获取"瓶颈"问题
第三阶段	智能决策支持系统	是人工智能和传统决策支持系统的结合,使传统DSS能够更充分地应用人类的知识	基于成熟的技术,容易构造出实用系统,充分利用了各层次的信息资源;基于规则的表达方式,使用户易于掌握使用
	数据仓库	通过多数据源信息的概括、聚焦和集成,建立面向主题集成、时变、持久的数据集合,从而为决策提供可用信息	数据导入前需要进行预处理,数据质量高;仓库内数据不能随意修改,数据稳定性强
	数据挖掘	数据挖掘是指从大量的数据中通过算法搜索隐藏于其中信息的过程	面向大量数据,可以广泛使用,将这些数据转换成有用的信息和知识

（二）智慧决策关键技术

传统的决策支持系统(DSS)采用各种定量模型,对半结构化和非结构化决策问题提供支持,实际上支持的仅仅是决策过程中结构化和具有明确过程性的部分。随着决策环境日趋复杂,传统DSS在决策支持中的局限性也日趋突出。

DSS采用静态模型,通过模型对数据进行操作,要求决策者不仅具有决策问题领域知识,还要有数据和模型的相关知识,系统在决策支持中的作用是被动的,不能根据决策环境的变化提供主动支持。

DSS是在决策者的主导下采用模型求解,要求决策问题具有过程性和明确的可计算性,对决策中普遍存在的非结构化问题无法提供支持。

DSS以定量数学模型为基础,对决策中常见的定性问题、模糊问题和不确定性问题缺乏相应的支持手段。

随着传统的决策支持系统难以适应智慧交通系统的需要,未来在智慧交通领域,需要有新的智慧决策支持系统(IDSS)。

智慧决策支持系统的诞生主要基于人工智能技术的迅速发展,人工智能(AI)亦称智械、机器智能,指由人制造出来的机器所表现出来的智能。通常人工智能是指通过普通计算机程序来呈现人类智能的技术。目前人工智能在智慧交通决策领域已有很多应用。

无人驾驶当属智慧决策系统最为典型的应用之一。无人驾驶汽车采用的智慧决策系统,可在搜集信息的基础上,自动规划路线、自动起动、自动避开障碍、自动通过红绿灯等。目前出现了美国的谷歌和特斯拉无人驾驶汽车、中国百度无人驾驶汽车、英国的Lutz Pathfinder无人驾驶汽车等诸多类型无人驾驶汽车,百度的Apollo技术已与沃尔沃、一汽、长安、广汽、长城、北汽、比亚迪等多家车企达成自动驾驶方面的合作。截至目前,百度无人驾驶测试总里程超过2100万公里,旗下自动驾驶出行服务平台"萝卜快跑"已在北京、上海、广州、深圳、重庆、长沙、沧州七个城市开放载人测试运营服务。到2025年,百度将在全国65座城市落地"萝卜快跑"的运营,2030年将升至100座城市。

而在轨道交通领域,北京地铁燕房线作为中国首条自主研发的全自动运行示范线路,列车每天清晨自动唤醒、自检、出库,到站后发车、行驶、停靠站、折返,结束运营后自动回库、自动洗车和自动休眠,各项任务均由列车自行完成,不需要人为操控。列车配备了电子眼,运行中若检测到前方轨道有异常情况,车辆可在智慧决策系统的作用下自发做出判断决策,在1秒内自行制动,确保安全。由于列车不需要人工操作,可有效降低运行误差,使列车运行更加平稳顺畅,乘客也能获得更好的乘车体验。此外全自动运行系统可以减少10%~15%的能源消耗,从而节约资源、减少排放并降低成本。

三、智慧控制技术

（一）控制技术发展过程及现状

控制技术包括机、电、光、声等控制技术及其理论。随着控制技术的发展及其在交通控制中的深入应用，交通的实时控制、智能控制等成为可能。从发展过程来看，交通控制技术可分为四个阶段，见表1-7。

表1-7交通控制技术发展历程及典型技术

阶段	技术特点	典型应用
机械式控制	这一阶段的交通控制主要依靠人力或人为操控机械进行，主要由人脑控制，操作随意性较大	十字路口的信号控制主要由人站在十字路口来进行指挥，通过人的视觉来直接判断各方向车辆通行顺序和通行时间；依靠扳道工人工转换道岔以改变列车的运行方向
定时式控制	电子信号控制技术应用于交通运输领域，通过信号配时实现自动控制	在交叉口、高速公路主线及匝道等处设置信号灯，通过信号灯色显示和变换，控制交通流通行；铁路上利用不同颜色和数量的信号机显示行车、调车命令
感应式控制	摆脱了原有固定化的控制模式，通过计算机实行实时控制	在交叉口设置多个车辆检测器，由车辆检测器收集车流量数据信息，然后通过计算机对这些进行分析，使用合理的信号周期和绿信比对交叉口进行实时控制
线性或区域协调控制	将某段线路或区域上的所有的交通信号灯统一起来利用计算机进行协调控制	目前在城市主干道广泛采用的绿波技术

最初阶段的交通控制主要依靠人力或人为操控机械进行。之后，随着数字电子技术的发展，信号控制技术开始越来越多地应用于交通运输领域。

而随着传感技术的发展在交通控制方面应用开始变广，感应式的信号控制摆脱了原有固定化的控制模式，通过计算机实行实时控制。线性或区域协调控制是目前交通信号控制系统研究的方向之一。线控技术是将某段线路上的所有的交通信号灯统一起来利用计算机进行协调控制；区域控制技术与线控有些类似，都是采用计算机将所属区域内的交通信号联合起来协调控制的技术，不过区域控制技术的控制范围更广，控制难度和复杂性也更高。

（二）智慧控制关键技术

控制系统的发展与通信和信息技术有着密切的关系，控制技术从传统向智慧的跃迁，很大一部分依赖于信息采集、传输技术的进步和发展。智慧交通控制系统是利用先进的计算机技术、网络通信技术、智能云端控制等先进技术，结合交通参与者或管理者的特性需求，将与交通有关的各个子系统如速度控制、信号控制等有机地结合在一起，通过网络化综合智能控制和管理，实现"以人为本"的全新交通管理和控制。

智慧控制技术的发展趋势主要是实现自动控制、智慧控制，即在没有人直接参与的情况下，利用外加的设备或装置，使机器、设备或生产过程的某个工作状态或参数自动地按照预定的规律运行。与原有控制技术相比，智慧控制能够适应结构化或非结构化的、熟悉的或陌生的环境，具有极高的自主性。

例如传统的交通信号系统往往采用周期性的方式变更信号，在智慧控制系统中，交通信号控制系统将从被动系统向主动系统发展，改变定周期的系统控制，依据采集到的交通信息，实时调整周期，增加系统的灵活性，以适应瞬时变化的交通流量。

四、无人驾驶

在蓬勃发展的科学技术的推动作用下，无人驾驶汽车技术在社会研究领域中的地位逐步提高。无人驾驶汽车依托环境感知技术，可以感知汽车周边的环境，对捕捉到的环境信息进行处理，利用计算机信息技术来控制、调节汽车的驾驶速度与行驶方向，保证车辆能够在道路上正常行驶，按照原定计划抵达目的地。无人驾驶汽车领域在发展的过程中，致力于将精密度更高的信息技术应用到汽车上，进而推动人车交互的发展，提高这种方式的效率，降低其操作的复杂度。无人驾驶不仅能够提高汽车运行的效率，降低交通事故发生的概率，还能为那些未掌握汽车驾驶技术的人提供出行服务。

为适应汽车主动安全技术的爆发式增长，美国国家公路交通安全管理局（NHTSA）在2013年发布了汽车自动化的五级标准，将汽车的自动驾驶功能划分成了0~4级5个等级，见表1-8。除NHTSA外，美国汽车工程师学会（SAE）也对自动驾驶做了分级，将自动驾驶技术划分成了0~5级6个级别，其中0~3级与NHTSA对自动驾驶的定义一致，分别强调无自动化、驾驶支持、部分自动化、有条件自动化。至于完全自动化，SAE对其做了细分，对行车道路及环境的要求做了进一步强调。根据SAE对自动驾驶4级的规定，在此阶段，汽车只能在特定的道路条件下实现自动驾驶，比如封闭的园区、固定的行车路线等。换句话说，这个阶段的自动驾驶就是面向特定情景的高度自动化驾驶。5级阶段则可在各种环境下进行完全自动驾驶，对复杂的车辆环境、人流环境、道路环境提出有效的应对之策。

表1-8　逐层递增的自动驾驶功能

NHTSA	0级	1级	2级	3级	4级	
SAE	0级	1级	2级	3级	4级	5级
	无自动化	驾驶支持	部分自动化	有条件自动化	高度自动化	完全自动化
功能	夜视、行人检测、交通标志识别、盲点检测、并线辅助、后排路口交通警报、车道偏离警告	自适应巡航驾驶系统、自动紧急制动、停车辅助系统、前向碰撞预警系统、车身电子稳定系统	车道保持辅助系统	拥挤辅助系统	停车场自动泊车	—
特征	传感探测和决策警报	单一功能1（以上之一）	组合功能（1级/2级组合）	特定条件、特定任务	特定条件、特定任务	全部条件、全部任务

从未来发展趋势来看，无人驾驶有两条发展路径：一是高级驾驶辅助系统，二是人工智能。二者的最高形态都是完全无人驾驶，也就是说，完全无人驾驶是自主化、智慧化发展到最高阶段的结果。

由此，本节对智慧交通系统感知、传输、处理、决策、控制以及集成技术进行了分析，对各类技术的发展历程及关键技术进行了介绍。

从发展历程上可以看出，各类技术的发展情况与全球科技进步、交通运输需求变化是紧密联系的，经历了明显的阶段化发展过程。早期以人工调查、人工控制为主，机械化后出现交通信号灯等新型机械设备，再到无线电传输、电子信号等电气化技术；最后随着计算机技术发展，视频检测、移动通信、数据库、机器学习、自动控制陆续出现，直到现在的智慧化新兴技术。

从关键技术上，21世纪以来，随着物联网、大数据、5G通信、人工智能等新兴技术的迅速发展，各类交通运输技术快速地更新换代，正逐步实现泛在感知、5G传输、大数据处理、智能决策和自动控制，并不断向新一代智慧化技术快速前进。

第二章 无线车载通信

第一节 车载环境下的无线通信

一、车载网络的发展背景和历史起源

20世纪50年代,汽车基本上都是没有电子设备的机械系统。然而,在过去几十年中,电子设备已经成为体现汽车价值的主要组成部分之一,平均达到现代汽车总价值的三分之一。第一代车载电子设备是独立的车载系统,基本上是自动或通过辅助来完成某些特定的驾驶任务。这种成就的一个典型例子就是防抱死制动系统。每辆车上的这种电子控制单元(ECU)系统的数量从20世纪90年代的几个增加到2010年的50个甚至更多。ECU几乎控制着现代车辆的每一个活动,并旨在提高出行安全和舒适度,以及减少燃油消耗。今天的汽车不再是带有电子设备的车辆,它们可以被描述为是"车轮上的计算机"。

现在的重大变化是大规模地适应和发展无线通信。之所以将无线网络应用于道路交通情景,主要是为了优化驾驶的安全性、流畅性以及效率。虽然被动安全系统已被证实可以有效地保护乘客,但它们通常不能够在第一时间帮助避免事故的发生。这就是开发主动安全系统的关键动因,它通常依赖于无线通信。通过无线网络,可以提高交通的安全性、流畅性、效率,以及出行便利性。

本节中的"无线通信"一词是指在无线(局域网)网络,分别由移动电话系统和车载网络主导的蜂窝网络开发中的不同概念。

由于市场上的通信设备变得更加实惠,对一般用途也更具吸引力,而无线通信中所需的技术也变得可用,因此无线网络在20世纪90年代末期开始越来越受欢迎。无线网络的概念最初是为办公环境而开发的,通常在静态或接近静态性质(移动性可忽略)的计算机和通信设备之间应用。设备之间的无线通信范围通常是预估的,通常要求相互之间在可见视线内。然而,在视线内并不总是预期的,一个更为恰当的定义是几百米距离之内的短程通信。

将位于同一办公区域的独立计算机连接在一起的自组织网络的想法已经实现,用看似很小的努力为数据交换和通信提供媒介。更进一步是多跳网络的概念,设备将数据包从一个合作伙伴转发到另一个合作伙伴。

因此,无线网络的范围显著增强,而额外网络负载的成本导致性能下降。然而,通过增强的自组织路由方法,使得多跳接入网络的性能有可能优化到适当的级别,以便无缝地使用网络资源,只要在最大跳数和自组织网络成员方面,网络的复杂度足够低。当办公室的运转相对稳定和正常时,人们在更具挑战性的环境中使用无线通信的兴趣也在增强。最终目标无线通信环境之一就是移动车辆之间的自组织网络。

车载的自组织网络的概念引入了一个完全不同的和更具挑战性的无线网络。通信环境的动态性和支持基础设施的可用性相对较高,这取决于道路延伸的重要程度。车载网络通常分为三种不同类型,即农村网络、郊区网络和城区网络。

一般来说,从农村向城市行驶,降低了车速,增加了路侧基础设施(路侧单元、交通信号灯等)和当地通信实体的可用性。城区以外的车辆可能在相同或相反的方向以极高的速度行驶,给延迟需求(节点暴露时间较短的情况下)带来了极大的挑战。在与路侧单元通信的情况下,特别是与迎面而来的车辆通信的情况下,通信的时间窗口非常短。一般来说,与传统的无线网络相比,车载访问网络的可用性变化很大。另外,相对物之间的视线通常被其他车辆和路侧设施(如桥梁和建筑物)所阻挡,使得信号一直在改变。多普勒效应出现在通信模块中,它们的相互移动也可能显著改变信号质量。只有同向车辆在移动时才能进行多跳通信,甚至在这种情况下,由于网络结构的高度变化,传统的拥塞避免方法难以实施,甚至不可能实现。

然而,在近距离的移动车辆之间建立一个自组织网络有许多重要优势。车辆可依靠其中的传感器对(环境)观测值和有关交通或天气状况的信息以及道路的异常情况进行交互。最终,交通事故车辆可以向其他正在接近的车辆发出警告,有助于避免进一步的事故发生。开发路侧设施以连接固定网络,可以进一步转发这些数据,使车辆避免意外事故、排队或道路建设工程引起的道路拥堵。除此之外,可以将无限量的广告、指南和综合信息等商业服务向/从车辆传送。此外,在通信范围方面,对不同类型的车辆局域网络进行分类也很重要。

最短的通信范围出现在车内通信中,车内的无线设备形成网络。典型的应用是移动智能手机与车载系统之间的无线连接,允许使用麦克风和汽车扬声器进行移动电话交谈。车辆到车辆(V2V)通信包括与过往车辆间的数据交换、与相同方向行驶车辆之间的联网以及向其他邻近车辆广播紧急情况数据。紧急数据广播是从汽车网络整体思想中衍生出来的最重要的应用。此外,车辆到基础设施(V2I)通信是采用路侧的基础设施与其他车辆进行数据交换和联网。路侧基础设施通常与固定网络具有永久性连接,假设允许互联网至少与一个暂时性的基站进行连接。V2V以及V2I的通信可以通过无线电或光通信实现。然而,无线光通信是一种新兴技术,并未对其进行非常深入的研究。车辆还可以通过蜂窝网络系统(通常是移动电话网络)直接连接到固定网络基础设施,支持不依赖定位的持续连接。将这些不同的网络类型(不包括车载通信)结合到单一架构中是未来的主要目标之一。

很明显,在车载网络环境中,预期中在办公环境中稳定运行的无线网络尚不能完全可行,需要做出大量的折中方案。真正的持续连接是一个实施起来非常困难的问题,特别是车辆和路侧单元的密度低下,通常不会在车辆网络中发生。然而,在同步的蜂窝移动通信的支持下,可以显著增强连接性,有时甚至是连续不间断地供给。其代价就是同时管理多个通信系统的复杂性。要考虑的问题是系统之间的平稳甚至是无缝切换,适应数据吞吐率极高的变化,对服务质量(QoS)以及不同系统的并行维护。车辆网络的主要挑战是在相互矛盾的需求之间寻找到一个良好的工程平衡。为这种环境所开发的服务必须不断调整适应,以应对除了稳定的数据通道之外的任何问题。极有可能发生的通信中断不能显著降低综合性能。对于车辆通信来说,通常有两种基本的方法,短距离无线局域网和广域蜂窝通信。无线局域网(WLAN)独立于任何网络运营商,并且更适合于相互邻近的各方之间的即时数据交换。蜂窝通信以较小的数据传输速率提供广域覆盖,并要求网络运营商承载通信。

先进的蜂窝网络系统,如LTE,提供与WLAN数据传输速率相当的最佳数据速率,但覆盖范围低于"旧代"的蜂窝网络,因为单元尺寸更为有限,服务接入点的密度较低。然而,随着LTE系统后向兼容GPRS通信系统并最终到达3G、4G系统,实际上根据位置提供了不同服务质量的完全覆盖。车载网络方法的全球趋势一直是侧重于WLAN类型的解决方案,但是随着数据速率的提高,蜂窝系统越来越受到关注。当然这也取决于基础设施和运营环境。如今,有一些依靠蜂窝网络系统的先进车载应用仍然存在。例如,协作型的WAZE应用程序允许车辆在手机上打开应用程序,以被动地贡献于交通和其他道路数据,或通过共享事故或其他危险的道路报告来起到更积极的(协作)作用。

连同事故警告,道路天气服务通常被认为是车载网络可用的关键优势,尤其是在路侧基础设施和车辆之间的通信之中。另一方面,道路天气服务证明双向通信的使用是合理的,因为从移动车辆上收集到的天气相关的数据可以显著提高当地天气预报及相关服务的准确性。最后,通过部分基于车辆数据的局部道路天气服务,可以证明整个车辆网络架构是合理的,并且验证其在现实生活中的可操作性。作者的研究工作概述了过去几年的车辆网络发展。该工作始于2006年成立的Carlink项目(无线电交通服务平台)。架构的发展基础将车载自组织网络和基础设施网络,与受启发于自主配置的异构无线电网络概念的路侧固定网络站点相结合。多协议接入网络的概念思想用于组合Wi-Fi和GPRS网络。因此,Carlink项目设计并引导了首次运行的V2V和V2I的通信架构之一。

车载网络领域常见的技术状态是由大量有所分离的元件技术组成。第一个初步的车载服务已经正式启动,利用手机短信(短信服务)系统作为通信媒体。这种服务的一个例子是由芬兰气象研究所(FMI)设计的VARO服务,向车内嵌入手机的最终用户设备提供天气预警和路线指南的短信服务。各种更通用的短信服务包含车辆识别(基于牌照)信息请求和原始导航服务。另一方面,安装了少数路侧气象站,来收集最新的当地天气信息,以用于加强道路区域的天气预报和警告。显然,在21世纪初的前5年时间里,与过往车辆之间进行通信不是问题,但是那些道路气象站配备了电力供应和一些收集基站数据的方法,并向监控基站的网络主机传送数据。无线网络的概念已经成为通信行业研究的热点话题,尤其是自配置网络中的自组织网络正在获得极大的关注度。在自组织网络领域,提出并研究了大量不同的路由方法,但是通信媒介通常被认为是相同的,即所谓的基于标准IEEE 802.11系列的基于无线网络的Wi-Fi。在Carlink的项目中被开发和评估过的混合动力车辆接入网架构的概念已经研究成功。WiSafeCar(车辆之间的无线交通安全网络)的一般思想是通过升级通信方法来克服通信的局限性,分别由基于IEEE 802.11p标准修正案的专用车载WAVE(在车载环境下无线接入)系统的Wi-Fi,以及3G通信的GPRS。

该架构采用了一系列更加精细的服务,为交通安全和便利量身定制。这套示范性的服务也被调整为符合"汽车通信联盟"(C2C-CC)提出的服务和"第一套服务"的ETSI(欧洲电信标准协会)标准化。尤其是分别采用V2V和V2I通信对新近发现的基于车载接入网络系统的IEEE 802.11p进行了大范围的数据测试。在文献中提出的针对系统的评估和现场测试中,对平台容量和范围进行了估计和分析。对项目试点平台在实际运行情况下进行示范性服务的部署。基于现场测量和飞行员部署的经验,还提出了一种简单场景的现实架构部署策略。测量表明,与被应用于此目的的传统Wi-Fi解决方案相比,IEEE 802.11p在车载网络环境中具有综合性能和行为的显著优越性。

使用IEEE 802.11p时,数据吞吐量方面的最佳性能较低,但仍然适用于车载接入网络的需求。试点平台的部署证明,新系统也在实践中运行,可以适当地提供已界定的飞行员服务。在部署中,覆盖蜂窝网络起着重要的作用,这种综合的方法将成为针对终极商业架构的富有吸引力的解决方案。一个明显的好处是利用3G、4G网络,通信系统将以有限的形式在部署过程的第1天就可用,执行成本低。得出该解决方案具有综合性的异构车辆通信架构的潜力,并有助于减少道路上的事故数量和人员伤亡数量。系统部署可以以经济高效的方式启动,在早期部署阶段纯粹依靠现有的3G、4G覆盖网络。因此,基于一个综合的部署提议,WiSafeCar项目为商业运营智能车联网架构提出了一个总体部署参考。

即使尚未实施商业部署,开发系统也将作为更高级项目的基础,即CoMoSeF(未来协作移动服务)项目以及其他智能交通相关研究。CoMoSeF项目的重点是接近市场的服务和多标准通信。目标不仅仅是为车辆服务,而且还需要利用车辆数据来最终提升同类型的服务。类似地,路侧单元不仅仅是将车辆作为连通点,而且还承载了道路气象站(RWS)功能,为服务提供额外的数据。

这两个目标都结合了芬兰气象研究所采用的车辆网络架构的方法,为通过RWS/RSU组合的车辆提供路线天气信息。该站配备了最新的道路天气测量仪器,兼容(但不限于)其他示范站点的永久性的、本地自配备的RWS中预期可用的设备。程序是设计、开发和测试当地道路天气服务的生成,以及RWS与车辆之间的服务数据传输。通过RWS/RSU组合的车辆使用最新的道路天气相关数据和服务进行无线自动补充,同时可向上传输车辆导向的测量数据。IEEE 802.11p是基础的通信协议,也支持传统的Wi-Fi通信。该站点与研究车辆共同组成了芬兰Sodankyla的试验系统,作为未来示范系统现实中的测试平台。基于共同的架构、挑战和潜在目标,同时鉴于明确的假设,CoMoSeF提出了车辆之间混合无线的交通运输服务架构的方法。

授权技术是IEEE 802.11p的车载网络方法和GPRS的移动通信系统。在现场测试中,对系统容量和范围进行了估计和评估,后续章节会进行详细介绍。局部基于容量估算,构建了成功项目试点的平台部署,尤其是在现实条件下设计运行的示范服务。

基于现场测量和试点系统部署的经验,提出了一种简单场景的现实系统部署策略。测量表明,与被应用于此目的的传统Wi-Fi解决方案相比,IEEE 802.11p在车载网络环境中具有综合性能和行为的显著优越性。IEEE 802.11p在数据吞吐量方面的最佳性能较低,但仍然适用于车载接入网络的需求。

试点系统的部署证明,新系统也在实践中运行,我们可以适当地提供已界定的试点服务。然而,在部署中,3G网络起着重要的作用,而这种综合的方法将可能成为针对终极商业架构的富有吸引力的解决方案。已经表明,本节介绍的解决方案对于综合型的异构车辆通信实体具有显著的潜力,旨在减少道路上的事故数量和人员伤亡数量。系统部署可以以经济高效的方式启动,在早期部署阶段完全依靠现有的网络。

二、车载网络的实现方法

无线网络是指没有使用电缆进行任何物理连接类型的网络。实体内通信方式的主要特点如表2-1所示。无线网络的最初动机是为了避免电缆接入办公建筑中所产生的高昂成本,或为了方便多种设备位置的连接。

表2-1　车载网络相关通信方式的主要特点

沟通方式	理论数据率	机动保障	体系结构	连接延迟	理论范围
传统无线局域网; IEEE 802.11g	54 Mbit/s	低	局部	低	140 m
传统无线局域网; IEEE 802.11n	600 Mbit/s	非常低②	局部	低	250 m
V2V ①	3~54 Mbit/s	好	局部	非常低	1 km
V2I ①	3~54 Mbit/s	好	局部	非常低	1 km
GPRS 蜂窝数据	6~114 kbit/s	很好	网状	适度	无斜接③
3G 蜂窝数据	0.2 Mbit/s	中等	网状	适度	高③
LTE 蜂窝数据	300 Mbit/s	中等	网状	适度	低③
混合	0.2~54 Mbit/s	好	混合	非常低	不受限

①基于IEEE 802.11p网络。

②最大传输速率模式下。

③商用蜂窝系统范围不是定义为一个蜂窝的范围,而是2013年运营系统的覆盖范围。

常说的协议无线局域网(WLAN)是指使用无线分配方法在短距离上连接两个或多个设备的系统,通常通过因特网接入的接入点提供连接。WLAN开发的主要贡献是通过IEEE(电气和电子工程师协会)制定的,更具体地说是通过被称为IEEE 802.11标准的标准化过程。1997年发布的原始标准定义了无线LAN媒体访问控制(MAC)和物理层(PHY)规范。MAC实现的基本访问方法是具有冲突避免的载波监听多路访问(CSMA/CA)。IEEE 802.11架构定义了三种不同的传播模式:2.4 GHz FHSS(跳频扩频)、2.4 GHz DSSS(直接序列扩频)和红外系统。该标准的基本版本仅支持1 Mbit/s和2 Mbit/s的数据速率,但自从原始标准发布以来,已经进行了多次修订,以更新数据速度及标准的其他属性。

该标准的第一修订是IEEE 802.11b和IEEE 802.11a。这些修正案有本质上的区别:802.11b的目标是保持与原始标准的兼容性,而802.11a旨在分别通过升级模块、工作频率和频带宽度来提高容量和效率。可以说,接下来所有的修改都是从这两个角度继承而来的,因此将对此进行详细介绍。

IEEE 802.11b与原来的802.11标准架构非常相似。通过这项修正,无线保真的名称被用于IEEE 802.11b参考及其后续的修订。802.11b在相同的2.4 GHz频带中工作,具有相同的MAC、CSMA/CA。它也与原始标准后向兼容,因此支持1 Mbit/s和2 Mbit/s的数据速率。

作为原始标准架构的拓展,802.11b还分别提供5.5 Mbit/s和11 Mbit/s的新数据速率。CCK(互补码键控)调制方法使得实现更高的数据速率成为可能。否则,IEEE 802.11b与原始标准架构只有微小的差异。基本上,由于比扩容b.802.11b的容量大得多,IEEE 802.11b已经完全取代了原来的802.11标准;然而它自身具有相同的命运,后来被IEEE 802.11g取代;而现在的Wi-Fi通信,事实上它的标准是IEEE 802.11n。

IEEE 802.11a与原始标准相比有很多差异。最重要的区别是802.11a的物理层是基于OFDM(正交频分复用)调制以作为载波系统,并且使用5.2 GHz频带。所用的基础调制方案是BPSK、QPSK(类似于原始标准)和不同级别的QAM(正交幅度调制)。通过这些更改,802.11a能够实现(从6 Mbit/s)高达54 Mbit/s的数据速率。由于这些主要的差别,802.11a与原始标准不兼容。然而,MAC架构与原始标准中的CSMA/CA相同。

如前所述,以下Wi-Fi标准的拓展是IEEE 802.11g,提供802.11a类型的架构体系(具有相同的容量,高达54 Mbit/s),但仍工作在2.4 GHz频率。现在最常用的拓展是上述的IEEE 802.11n。其目的是通过组合802.11a和802.11g的元件,以40 MHz的信道宽度使用四个空间流,显著提高网络吞吐量,并将最大的净数据速率从54 Mbit/s显著提高到600 Mbit/s。只有在采用802.11a的5 GHz频带宽度内工作时才能实现此数据速率。因此,IEEE 802.11n在两种不同的带宽下运行:在2.4 GHz中,后向兼容性与以前的修订保持一致,但容量相对相同,而在5GHz频段,功能和效率的终极提升得到充分的改进。宽度为40 MHz的信道运作是融入802.11n的关键特征;这将使之前的802.11的20 MHz信道宽度增加一倍以传输数据,通过单个20 MHz信道提供双倍的数据速率可用性。它只能在5 GHz模式下启用;或者是,如果知道它不会干扰同样使用802.11或非802.11系统(如蓝牙)的其他频率,则只能在2.4 GHz内启用。

最近提出的修订标准是IEEE 802.11ac,旨在提高容量。实际上,所提出的方法的目标是在6 GHz以下的多个频带(不包括2.4 GHz频带)的每一个中支持至少1 Gbit/s的数据速率,这意味着与IEEE 802.11n相比,每个用户的容量至少要提高五倍。IEEE 802.11ac预计将在其频带中支持20 MHz、40 MHz和80 MHz的信道,可选择使用160 MHz频道。最高频段的160MHz信道局部使用与IEEE 802.11p相同的频率,因此引起了IEEE 802.11p用户的关注和反对。最终的信道和频段分配还有待观察。

三、车载自组织网络

如本节前面所述,Wi-Fi网络类型的主要使用场景最初是相对静态的办公环境,多台通信计算机的距离相对较小,只有轻微的物理墙和物体间隔。现在,这个概念已经扩展到家庭无线的场景,涉及计算机、打印机、家庭多媒体娱乐系统、电视机、DVD播放器、平板电脑和手机都连接到同一个无线网络。通信中的关键概念保持不变,通信单元位于相当短的距离内,静止或缓慢移动。在这种情况下,Wi-Fi运作良好;对于相当严苛的使用场合,容量足够高,建立连接的时间不成问题,即使是不频繁的连接损失也不会造成难以承受的伤害。不过,车辆的通信环境却并非如此。

车载网络的第一次初始实验已经在1989年进行,但是在所需技术的成熟度增加的情况下,在这个黄金时代的早期阶段就开始了车载网络概念的系统研究。显然,作为现有和广泛使用的无线通信系统,起始点是Wi-Fi。正如预期的那样,Wi-Fi网络很快被认定是相当不足的。在能够与集中的安全系统或道路上遇到的其他车辆进行通信之前,车载安全通信的应用不能容忍长时间的连接建立延迟。当然,通信的可靠性也是一个重要的问题。由于车辆在站点覆盖区域内的时间有限,因此,无障碍应用还需要依靠路边站点提供服务(例如天气和道路数据更新)来进行快速高效的连接设置。此外,快速移动的车辆和复杂的道路环境在物理层面上带来了挑战。这些问题通常在使用Wi-Fi时出现。IEEE 802.11标准机构已经创建了一项新的修订,即运用IEEE 802.11p来解决这些问题。

IEEE 802.11p标准的主要目的是增强公共安全应用,并通过V2V和V2I通信来改善流量。此协议的基础技术是专用短程通信(DSRC),基本上采用了基于OFDM物理层的IEEE 802.11a标准和IEEE 802.11e标准的服务提升品质,调整以适用于低开销的运行。在IEEE 802.11p使用了一个设计成IEEE 802.11e的增强型分布式信道接入(EDCA)的MAC子层协议,对一些传输参数进行了变动。DSRC旨在为加强公共安全应用的通信需求提供支持,以拯救生命,改善V2V和V2I通信流量的短距离通信服务。无线接入车载环境(WAVE)是新一代技术,提供高速V2V和V2I数据传输。WAVE系统是建立在IEEE 802.11p和IEEE 1609.x标准在5.8500~5.9250 GHz的数据速率下进行运作,分别支持3~27 Mbit/s的10 MHz信道和6~54 Mbit/s的20 MHz信道。在各种环境的1 km范围内(例如,城市、郊区、农村),以高达110 km/h的相对速度运行。根据使用需求,可以选择10 MHz或20 MHz的信道带宽。

车载通信网络的发展创造了各种应急服务和应用。迄今为止主要的贡献就是已经在欧盟IST第6框架(FP6)和欧盟第7框架(FP7)项目中提供了研究和技术项目,由美国交通运输部在美国资助的车辆安全通信(VSC)项目和车辆基础设施一体化(VII),以及由日本国土交通省(MLIT)在日本政府的资助下进行的活动。迄今为止,开发的试点服务包括不同类型的协同碰撞警告(CCW)、后期和预期碰撞检测系统(CDS)以及协作交叉口安全系统(CISS)等。首先进行部署的所谓"第一天"服务的例子吸引了大众展望。例如,"第一套服务"的ETSI标准化包括接近紧急车辆、接近道路工地的警告、从"死角"接近的摩托车和通过车辆应急照明无线电广播发出的碰撞后警告。这些服务已经在2008年德国杜登霍芬的Car2汽车论坛上获得了成功示范。

如上所述,车载网络通常分为V2V和V2I通信。车载网络有更多的子类别,但可以说这两个是主要的子类型,其余的则是某种特殊的相关案例。在这项工作中,有许多特殊情况和场景专门针对V2I或V2V。因此,重要的是要更详细地考虑这些通信类型的差异。在以下的部分中,V2I和V2V以及相关的混合组合将被逐一介绍。

（一）车辆与基础设施间的通信

V2I通信是指在移动车辆和道路旁边的静态基础设施之间建立的车辆自组织网络(VANET)。通信架构体系是集中的,路侧基础设施作为一个或多个车辆的中心点。通信是双向的,尽管事实上,车辆与基础设施间似乎仅代表一个方向。然而,在V2I方向上,通信是单播类型;而在相反方向上,通信类型既是广播的(同时传输通用数据),又是单播的(同时响应车辆请求)。路侧单元/基础设施(简称RSU)通常用固定电源供应器和中枢网络连接来补给,因此无需考虑这些资源在其运行中的消耗。RSU可以配备并联设施和/或定向天线,使得下行链路信道(从RSU)通常比上行链路更强。在一些V2I应用中,上行链路信道是无意义的或不存在的,使得服务更像广播类型。然而,V2I不能与广播系统混合,在考虑V2I时,存在或至少做好部署上行链路的准备是必不可少的要素。

V2I通信通常用于将交通信息从公路运营商或官方提供给车辆。道路警告是V2I服务的典型示例;将车载网络收发器部署到道路工作区域,通知接近该地区的车辆有特殊的道路操作性。一个非常重要的前提是交通信号系统将信号相位和时间(SPAT)信息传达给车辆的能力,以支持向驾驶人传达主动的安全建议和警告。用于交通灯优化的一种方法是对于VANET的基于最短路径的交通灯感知路由(STAR)协议。这两种服务都是广播类型,缺乏使用上行链路信道。相反,在文献中使用的道路气象站的RSU不仅提供了过往车辆的天气和警告数据,还收集了来自车辆的天气和安全相关的观测资料,以进一步更新数据。

V2I通信与传统无线网络中的移动节点和接入点之间的无线链路具有一定的相似性。作为接入点,RSU是移动车辆中的静态元件,如传统无线网络中的移动节点。由于其固有的属性,RSU在信号强度方面具有优越性,因此在接入点方面具有数据容量。然而,由于V2I通信的临时性,RSU不能为车辆提供持续的中枢网络连接。相反,RSU只能作为服务热点,每当在RSU的附近区域时,在车辆和固定网络之间提供预先配置的高频带服务的数据交换。文献由此引入了这样一个数据传播网络的例子。

在一些相关工作中,有关于车辆与路侧(V2R)通信的讨论。V2R是V2I通信的特殊情况,其中,控制中心是严格受限于路边基础设施的,如上述中的道路工程和SPAT。然而,V2R是V2I的一个特殊情况,因此它不是单独考虑的。

（二）车辆与车辆间的通信

V2V通信方式主要适用于短距离车载通信。通常的想法是,移动车辆以自组织网络的方式和高度机会主义的基础在彼此之间建立无线通信网络。各种车辆以自组织网络的方式平等地进行通信,通信架构被分配。过往的车辆之间的数据交换通常是单播类型,同时也是组播(例如,在交换交通信息的车辆排队的情况下)和广播(在事故警告的情况下)传输。纯粹的V2V网络不需要任何路侧基础设施,针对需要在道路上进行信息发布的突发事件,能使其快速而可靠。因此,它是车辆实现实时安全应用的基础通信的候选者。

V2V通信的关键动机之一是能够实现协同车辆安全应用程序的机会,从而能够防止崩溃。为初步部署设想中的这种协同碰撞避免的应用,应做到以下几点:

(1)识别邻近的其他车辆。

(2)保持其他车辆的动态状态图(位置、速度、行驶方向和加速度)。

(3)根据该状态图执行持续的危险评估。

(4)识别需要驾驶人作出反应的潜在危险情况。

(5)以适当的时间和方式通知驾驶人。

从长远来看,可以设想自动车辆干预以避免或减轻这些应用程序的崩溃,但对于在通信中所需的可靠性验证仍然需要做出大量工作。

V2V通信的特殊情况是具有特殊的多跳协议的多跳传输(包括广播)。尤其是在发生交通事故的情况下,参与或观察到了事故的车辆将广播一条警告信息,由一段时间内接收信息的车辆转发,使其他距离较远的驾驶人提前做出明智的驾驶决定。在密集的交通状况下,存在广播风暴问题的风险,多个车辆同时尝试发送消息,导致多个分组冲突,并且在极端情况下完全中断通信信道。存在几种解决问题的方法,其中大部分来源于以随机、加权或调整的概率转发消息的想法,而不是依靠自动的"盲目前进"。

V2V通信实体极具挑战性。在V2V中,由于车辆以不同的速度移动,所以车辆之间要达到持续的连接是不可能的,归因于可能出现快速的网络拓扑变化。没有任何路侧基础设施,必须启用多跳转发来传播消息或信号。高速公路上车辆彼此之间的位置基本上是未知的。来自每个车辆的定期广播可以直接向邻近车辆通知其位置,但由于车辆之间的相对运动,定位图将不可避免地发生变化。接收者有责任判断紧急信息的相关性,并采取适当的行动。

由于上述关键性的限制,V2V通信主要集中在通信的特殊情况下,而不是一般的"通用"网络。最典型的用例是向所有车辆广播紧急情况或其他关键数据,与过往车辆交换数据,以及以相同速度移动到相同方向的车队之间的通信网络。值得注意的是,列车中的无线自组织网络可以看作是上一种方案的特殊情况。此外,例如,GPS装置收集的位置信息可以用于惠及V2V通信,提供接近连续的通信能力,尤其是当使用密集和多跳通信时。基于广播和组播的定位也是避免碰撞的正确通信方法。一般情况下,V2V通信适用于车辆密度高的道路,农村地区仅能收到极小甚至是微不足道的成效。

（三）综合车辆与车辆以及车辆与基础设施之间的通信

组合的V2V和V2I网络可以看作是补足V2I功能的普通V2V。V2V是起始点,上一节中定义了应用程序,集成V2I将使用相同的无线技术实现更广泛的避免车辆碰撞的安全应用。V2I启用的附加功能之一是避免交叉碰撞,从而了解所有车辆的动态状态图以及交叉几何,系统可以向驾驶人警告另一个具有潜在交叉危险的驾驶人。从这个角度来看,组合V2V和V2I通常被称为是车辆与车辆/基础设施间的通信或简称V2X。

在本节中,一个重要的问题是将V2V和V2I组合作为自身的特殊通信情况。文献提出了类似的方法。RSU、V2I的基础设施方面通常具有固定的功率,并且可以采用针对RSU特制的定向天线,与车辆所提供的上行链路相比,通常使RSU的下行链路信号成为车辆的主导。此外,RSU倾向于与所有车辆通信,而车辆通过最小化与其他车辆的干预来尝试优化其对通信资源的使用。最后,由于RSU通常具有固定的网络连接,也可以看作是特殊类型的车载无线网络中的无线网络的接入点。

如上所述,组合的V2V和V2I通信接入网络是由具有不同目标的车辆和RSU组成。每当车辆在彼此的附近区域中时,就会以V2V方式彼此通信,基本上从交通或转发/广播多跳消息,或者从RSU早些时候接收到的合理的广域数据来进行观测信息的交换。然而,当进入RSU的附近区域时,车辆不仅可以与RSU交换数据,还可以通过RSU提供的接入链路(如果可操作)与位于固定互联网中的服务进行数据交换。由于与RSU的交互时间非常有限,这种服务热点通信过程必须预先配置到车辆用户的配置文件中,以便在进入RSU附近时自动启动。因此,车辆应启动车辆和RSU相互作用的不同操作程序。相反,无论网络是V2I还是组合的V2V和V2I,RSU程序基本上是相似的。

（四）混合式车载网络

VANET的V2V和V2I组网的概念是基于局域网的,通常采用基于IEEE 802.11p标准的接入网络,如上所述。理论上,这种网络的一个元件可以实现高达1 km范围的通信。在任何情况下,期望对这样的局域网系统进行经济有效的部署以实现整个道路网络的完全覆盖是不切实际的。

移动电话蜂窝网络提供几乎完整的地理覆盖,而且现在它们也被用于相对较高的数据容量。一个全新的,而且十分密集的LTE网络达到了理论上100 Mbit/s的容量广泛部署的3G蜂窝网络系统理论上允许数据速率高达2 Mbit/s,以及实现相对较好的覆盖,优先的GPRS通信允许非常高的覆盖范围,通常在100 kbit/s的数据速率下。然而,如名称所述,移动电话网络仅仅是为了支持按需的电话连接而不是持续连接。车辆预期将被即刻交付到一个接近全新的事故地点,在事故警告和相关安全服务的情况下,这样的事实显然导致了一个无法容忍的响应时间。移动网络随即而来的普及提供了越来越高的数据传输速率，但移动网络的发展越来越广泛，覆盖面越来越小。然而，蜂窝网络可以充分支持像WAZE这样的服务。

目前针对覆盖范围/响应时间问题的混合解决方案是将VANET和蜂窝网络绑定到混合动力车载网络系统中。这意味着将图中呈现的所有概念都组合在一起。文献已经提出了一种将Wi-Fi和GPRS组合到分层混合网络中的方法。自组态异构无线电网络的概念为此主题提出了另一种方法。文献提出了一种从蜂窝网络角度出发的一般方法，更多涉及蜂窝通信。所有的这些方法对于这个问题都有持续不断的网络观点，通常大多数支持现有的方法。从持续连接的角度来看，将连接从一个协议切换到另一个协议起着至关重要的作用。例如，文献提出了在不同类型的自组织IP网络中平滑切换的几种方法。然而，在车载网络中，基本观点是不同的。持续连接不是主要关注的问题，但显然，更重要的是确保即时对发送媒介附近区域的本地车辆安全数据进行传输。因此，切换混合式车载网络实体的简单方法是可以随时用来促进VANET网络的，并且每当到达另一车辆网络单元的范围时，就打破了正在进行的蜂窝网络数据传输的价格。

（五）LTE及其液体应用

2014年9月，诺基亚、西门子通信公司和HERE发布了一种新的方式来提供Wi-Fi，并且更加集中地将LTE应用于道路安全。即使LTE是新兴的，但是它变得普适的速度比任何以前的网络标准都要更快。无论如何，LTE网络正在建设，因此，道路和汽车的安全系统和应用程序都可能从中受益。

对于蜂窝系统来说，延迟是一个问题，因此它们不适合于安全应用。当消息从车辆传输到基站，并且进一步传输到数据中心时需要时间，何况将消息再传回给车辆也需要时间。通常，对于一些安全相关的消息来说耗时太长了。例如，中小型企业的信息从一个发件人到同一房间的收件人不会直接即刻完成传输。至少有几秒钟的差距，因为它必须迂回。保持通信的车辆间将面临同样的问题，即使有特殊规定来优先处理它们的通信。为了避免这种情况，它们的应用程序已经并将会发展到基站。因此，基站将不再仅仅是发射机，而是强大而具有快速移动优势的计算机，能够适应它们需要执行的任务。此功能称为液体应用。在紧急情况下，基站能够在少于100 ms内转发紧急消息，在某些情况下，甚至小于50 ms。这意味着一辆汽车可以在比呼吸所需的时间更短的时间内从车辆中获取紧急信息。

液体应用从根本上改变了基站的作用。液体应用是独特的，因为它从基站内部获取数据，以创建个性化和背景化的移动宽带体验。它还可以创建新型服务，可以使用近距离和定位来连接用户和当地的基站点、商业和活动。

液体应用的核心是开创性的诺基亚无线电应用云服务器(RACS)。RACS将基于标准IT中间件的最新云技术和服务创建功能部署到基站中。RACS提供处理和存储功能,以及收集实时网络数据的能力,例如无线电条件、用户位置、行驶方向等。这些数据可以被应用程序利用,提供与环境相关的服务,从而改变移动宽带体验,并将该体验直接转化为价值。

液体应用程序通过加速创建用户体验来增强功能,主要鉴于其可以更快地传递联系紧密的内容。这样就转化为尽可能从网络优势上实现有效的容量和从时间到内容上的提升。液体应用还具有提取和处理实时网络洞察力的能力,从而使运营商能够快速从问题识别转移到精确确定服务降级的原因。来自液体应用的实时数据增强了网络运营,并为客户和网络行为提供了深入的了解。液体应用也是基站周围的新服务生态系统的催化剂,利用其直接连接或本地突破功能。客户可以通过LTE,直接连接到本地场馆(例如体育馆)和私人企业网络。

距离移动客户较近可以显著缩短内容和初始响应时间:基站提供的内容可以实现超过100%的吞吐量提升,下载时间可以提高到80%。

第二节　新型车载集成和车顶天线

一、概述

最初用来无线电接收的汽车天线是一个简单的四分之一波长的单极天线,它是专为FM频率设计的。该天线长度通常为75~80厘米,是迄今为止性能最好的天线之一。它一般被安装在靠近车辆A柱或翼子板上方。

随着汽车信息娱乐系统的发展,引进许多附加的功能。在20世纪末,这些功能主要以电视、手机和卫星导航频率的形式出现。21世纪初,随着移动通话频率、数字广播、卫星广播、Wi-Fi技术以及最近兴起的紧急呼叫和车对车通信的使用,汽车使用的频率迅速增加。

20世纪末和21世纪初,汽车的造型要求也对汽车天线的演变产生了重要影响。可见天线已经不受人们的欢迎,特别是欧洲的消费者。这导致隐藏天线的出现,通常放置在风窗玻璃上或隐藏的复合材料车身板下面。

随着半导体技术和数字信号处理技术的提高,交换的多样性和相位分集技术迅速发展,显著改善了隐藏天线的性能。现在,几乎所有的豪华轿车都采用了FM功能相位分集广播调谐器,不仅如此,随着技术的发展,这种功能的天线逐渐应用到中档和低档车上。

二、广播电台的天线

现在的广播电台由多个频段组成。长波(LW)频谱占用的频率从148.5 kHz至283 kHz。中波(MW)的频谱占用的频率从526.5 kHz至1705 kHz。FM频谱占用的频率范围通常是87.5 MHz到108 MHz;然而,在日本FM频谱占用的频率范围是76 MHz至90 MHz。

地面数字音频广播(DAB),主要使用从频谱占用的频率174 MHz到240 MHz,有些传输在1452 MHz到1492 MHz的L波段。美国的数字无线电通过SiriusXM管理的卫星星座提供,频谱占用的频率范围在2320 MHz到2345 MHz。

(一)车顶天线

随着车辆美学变得越来越重要,80厘米长的四分之一波长单极天线在长度上变得更短。长度减少是典型地通过用螺旋线圈代替单极天线单元实现,螺旋绕组的长度和匝数决定了工作频率。

刚性弹簧附连到螺旋绕组的底部,使得桅杆变得灵活。桅杆通常连接到天线的基座,可以包含也可以不包含放大电器,这取决于桅杆的长度。

SiriusXM无线广播需要一个光束形状的定向天线,方向朝着卫星而不是地面发射机。

因此,美国的典型的车顶安装的多频段天线将包含具有更大面积的基座。

近年来,鲨鱼鳍形天线在广播电台中也很受欢迎。这些天线的高度限制为70 mm,是根据欧盟立法和车库可停放和洗车的实用性要求确定的。虽然这些天线的性能受到很大挑战,但是已被证明可以为汽车市场认可和接受。这些天线现在很常见,尤其是在日本汽车制造商制造的汽车上。

(二)隐藏的玻璃天线

高档汽车上配置明显的外部天线是不被人们所接受的。目前发现,甚至中档车辆和某些低端车辆配置可见天线都是不被人们所接受的。对于车身较高的车辆,停车入库的性能一直都是一个问题。桅杆破碎和被盗也是一个问题。这些问题导致了隐藏天线的快速发展,在玻璃上印刷辐射元件是最流行的技术。

隐藏天线受欢迎的另外一个原因是天线分集的迅速发展,这是大多数无线电调谐器支持的。分集依赖于多个天线,通常能够接收来自四面八方的相似的信号强度。在车顶上安装多个杆状天线是不切合实际的,因为这样会显著降低车辆美观。隐藏的设计,特别是在玻璃上,可以自如地支持多个天线。

对于设计师来讲,设计这种玻璃天线仍然是一个挑战,因为在原型车辆可用之前初始天线的模式已经被设计和开发出来。车体对天线性能有着重要影响,所以计算机建模方法被广泛使用。其中一个最常用的方法是距量法(MoM)。用于隐藏天线的最常见的玻璃面板是后风窗玻璃。随着相位多集的发展,在理想情况下需要尽可能隔开放置,在车辆的后部使用侧窗逐渐变得流行。

典型的前风窗天线,它集成了AM、FM、DAB、DVB和无钥匙进入功能。在跑车上通常使用前风窗天线,因为跑车的发动机安装在车辆的后部,而天线的安装位置通常安装在距离发动机尽可能远的地方以减少电磁干扰,尤其是在调幅频率下。

除了前风窗玻璃外,某些车辆如商业货车可能没有任何可用的固定玻璃面板,这些车辆也利用前风窗玻璃放置天线。任何来自噪声源的干扰都应该在前风窗玻璃的天线设计过程中特别考虑。

一个典型的屏幕天线效率并不是很高。FM频率的效率通常在20%~40%。因此,需要一个前端放大器。这种放大器被安装在尽可能靠近天线的地方,以获得最佳性能。

(三)隐藏和集成天线

一些车辆设计者更倾向于避免将天线放置在玻璃面板上。在这样的情况下,天线可以集成到车辆的复合车身面板上。这种复合车身面板的集成通常是以天线的形式印制在薄膜上。这些薄膜被集成在一个复合的行李舱盖或车顶板上。这些天线在良好的相位分集性能方面面临极大的挑战,因为元件的间隔比理想要求的更近。

目前比较流行的是将天线隐藏在后视镜上。天线接近度有利于相位分集功能的实现，但典型后视镜的尺寸较小，附近没有车身接地、缺乏理想的天线材料和水密封性的要求给设计者带来了很大挑战。商用车辆因为后视镜的尺寸较大，普遍使用后视镜天线。

为了减小天线的尺寸，在天线的设计中使用了多种技术。复合材料在跑车中比较常见的。电感负载回路和分形元件作为广泛使用的技术，用于设计集成在车内的小型安装天线。对于电磁信号，非金属车身是相对透明的。

三、天线的远程信息处理

远程信息处理天线的定义通常涵盖移动电话频率和卫星导航频率。

在汽车上，电话的频率要求已经为4G，并在向5G发展。

汽车导航多年来主要依靠GPS系统。随着俄罗斯GLONASS系统的引入，欧洲的伽利略系统以及中国的第二代北斗系统的应用，都需要多个频段的覆盖。上述所有系统都统称为全球导航卫星系统(GNSS)。

GNSS系统运营频率大致在1561.098MHz、1575.42MHz、1598.0625MHz、1609.3125MHz。所有系统都使用右旋圆偏振(RHCP)的电磁波。

通常汽车上存在两种类型的远程信息处理解决方案。最常见的解决方案是在车顶安装天线。对于那些对美学要求很高的车辆，通常安装隐藏式天线。

4G需要多个天线的支持。目前，4G解决方案通常是基于在车辆上两个不同的位置安装两个天线，来实现元件之间所需的隔离。

（一）车顶的远程信息处理天线

在车顶安装天线是远程信息处理最流行的解决方案。因为这种解决方案表现出良好的性能，即使是高档车也使用这种解决方案。车顶安装天线这种解决方案的另外一个好处是能够将产品从一个车辆平台转移到另一个车辆平台，从而降低开发成本。集成在车内的天线需要对每个车辆平台进行优化，因此增加了开发成本。

安装在车顶的远程信息处理天线通常短于70 mm，以满足欧洲法规的要求。

用于3G电话元件的天线技术称为印制平面倒F天线。

汽车上典型的GPS系统一直依靠印制在陶瓷基板上的微带天线元件。根据基板材料的介电常数，在汽车市场上有多种天线的尺寸可以选择。典型的尺寸为12~25 mm^2。

随着GNSS的应用变得越来越普遍，用陶瓷天线的设计满足圆极化带宽要求变得极其困难。这就导致了使用两个馈电位置来激发元件的天线技术的发展。两个馈电点位置相差90度的相位差，因此提供了良好的轴向比。

另外一种比较流行的天线是具有低介电常数的解决方案。但是这种天线的尺寸通常大于40 mm^2。

一些设计还将无线电广播方案结合到远程信息处理方案中。

（二）隐藏的远程信息处理天线

汽车生产商们为了获得更好的汽车美学，更倾向于采用隐藏的远程信息处理天线。敞篷车和跑车是隐藏的远程信息处理天线的普遍使用者。虽然天线被隐藏起来了，但是这种天线技术和安装在车顶的天线的方法是相似的。在大部分情况下，天线元件的尺寸都会被做得稍大一点，从而克服由于车身的影响而造成的天线的性能损失。

天线经常隐藏位置位于复合材料车身的后面(如行李舱盖或车顶)、仪表盘内部和前后风窗玻璃的后面。一些汽车也采用了安装在保险杠上、后视镜内部和扰流板内的天线。

在风窗玻璃后面安装天线可能会遭受玻璃中存在的介电损耗。理想的情况下，天线应位于距离玻璃几毫米的位置，但对于大多数应用，介电损耗是可以容忍的。

（三）远程信息处理天线的未来发展趋势

目前，远程信息处理天线是汽车安全系统的一个重要组成部分。紧急呼叫，通常被称为E-call，已成为欧盟汽车的强制性配置。E-call依靠GNSS信号来获取车辆定位信息和3G、4G网络进行紧急服务通信。

GNSS系统提供紧急服务，可以知道事故发生的确切位置，并且能够与运营商对话从而获得援助。

Car2Car通信是另一种需要远程信息处理的应用。随着汽车越来越互联，从车上访问互联网变得很平常，汽车信息通信也在不断发展。Wi-Fi和Bluetooth是车辆设施中的非常重要的组成部分。随着智能蓝牙技术的发展，各种可能性都可以实现。将智能蓝牙技术用于轮胎压力监测系统(TPMS)就是一个拥有巨大增长潜力的市场。

四、智能交通系统中的天线

目前，智能交通系统(ITS)是汽车市场的重要组成部分。许多技术都包含在智能交通系统领域。本节讨论的最常见的技术是Car2Car通信、E-call、4G通信、Wi-Fi和Bluetooth技术。

Car2Car通信利用5.9 GHz的频谱，通过创建一个包括相关基础设施在内的车用网络，为车与车之间和车与基础设施之间提供通信。这样的一个系统旨在通过共享实时信息，提供一个新的更加安全和高效的交通管理系统。

E-call是智能交通系统的一部分，它主要是以一种有效的方式处理交通事故。随着其欧盟成员国负责任地提供必要的基础设施，欧盟从2017年起，将E-call系统强制性地安装在汽车上。当检测到碰撞时，一个语音呼叫通过移动电话网络和112服务被自动建立。其他的附加信息数据形式，如碰撞的位置信息、使用GNSS将把相关信息提供给相关部门。这些信息包括碰撞的时间、行驶的方向和车辆登记的信息。

（一）Car2Car 通信天线

Car2Car通信通常以各种不同的名称被提及。Car2Car、Car2x、Car2 Infrastructure、V2V、V2I、IntelliDrive和VANET是经常被提及的。Car2Car通信基于IEEE 802.11p标准。

天线技术解决方案依靠于两个工作在5.9 GHz频率的天线和一个单个的GNSS天线。5.9 GHz的天线组成MIMO系统，具有克服噪声、衰退和多径特性的优势。Car2Car系统的天线设计者面临的最大挑战是在较低的仰角获得较高的增益，这对于良好的性能至关重要。

车顶会显著影响低仰角的增益。另外的问题出现在高侧面车辆，这将需要与具有在一个较低仰角的和具有Car2Car天线的车辆进行通信。因此，实际应用需要低于车顶水平几度。

文献展示了用作一个四元件MIMO结构的天线设计。本书介绍了一个直径大概10mm的圆形贴片天线元件，以及位于天线中心的短路柱，它可以在高阶模式下工作，因此可以在低仰角提供覆盖。同时讨论了四个天线放置在一个均匀的半个波长的空间的性能。文中还给出了能够在适当位置通过放置寄生元件实现的性能改进。

车远程信息处理天线的空间包络中。一个理想的天线提供了一个聚焦全向波束。除此之外，与基础设施通信的一些性能需要高于低仰角。由于天线的效率，基础设施通信可以接受稍微低的增益。

虽然在一个典型的远程信息处理天线中用于Car2Car通信的多个天线的安装已经应用到实际中，但是除了安装频段，对于如4G电话和GNSS仍然是一个挑战。文献提及的研究已经成功克服了这种困难，作者利用三个单级轻微折叠的天线。此外，作者将多模式无线电平台集成到天线组件中，从而避免了被动解决方案的任何电缆损耗。

文献展示了一个比较传统的没有集成电子器件的方法，通过一个具有印制单级天线的高阶模式的贴片天线组合，以提供改进的Car2Car功能。车顶安装天线的解决方案也集成了3G电话功能。其他的许多方法也已经被采取。

（二）紧急呼叫（E-call）天线

紧急呼叫(E-call)系统已在欧盟成员国强制使用。这个系统对天线技术的挑战是双重的。第一个挑战是确定一个专门用于紧急呼叫系统的天线方案是否可用。第二个挑战是确定天线的理想位置。

一种多个天线解决方案基于在碰撞中一个天线可能会因功能丧失而受损。经典场景是翻倒的车辆对车顶安装天线的损坏。因此，趋势是为车辆配备两个天线，至少用于电话功能。

GNSS功能可通过使用CAN总线输出其位置数据的单个天线实现。然而，对这种天线的可能损坏也是目前正在讨论的热点。

确定天线的位置需要进行安装环境的调查，在这种环境下在碰撞中不易受损。这排除了大部分的外部表面，例如对于天线性能比较理想的车顶面板、后视镜和保险杠在碰撞过程中都有很高的损坏风险。大家对于汽车仪表盘的安装位置基本一致，但是该位置对天线性能有很大影响。用加热前风窗玻璃的车辆的仪表盘作为安装位置也有挑战。

（三）其他的 ITS 天线

ITS系统从根本上基于远程信息处理和定位的天线的使用。因此，目前对大部分系统的要求是通过GNSS天线和电话天线来满足的。

由于单个天线用于多个系统，也需要给多个系统提供信号。传统上，射频(RF)分配器被用来实现这一目标。但是，随着RF信号在系统之间的分散，RF功率变得越来越小。这是将相关电子设备与天线集成在一起，并将数字数据输出到车辆网络的一个关键因素。

当数字数据被输出到一个车辆网络中，没有信号衰减需要处理。总线上的数据对连接到车辆网络上的车辆上的所有系统都是可用的。这些架构允许未来系统的升级，而不用考虑安装另一组天线。

将接收器和发射器电子设备放置在天线旁边的最大优势就是系统性能。从连接天线到电子设备的同轴电缆的损耗被消除，而且噪声性能得到改善。靠近天线的电子元件的可用性允许在智能天线配置的基础上，优化基于接收和发送信号状态的天线。该体系结构还提供了整体的系统成本的改进。

五、智能天线

车辆远程信息处理的发展见证了车辆网络的发展。典型的系统，如UN和CAN对于当今多媒体系统的要求是受带宽限制的。但是，CAN系统是可以接受GNSS系统对运输典型数据要求的。

对频带的更宽要求导致了诸如面向媒体的交通运输系统(MOST)和FlexRay TM的出现。然而，对于目前日益增长的要求，即便是这些系统仍然有所限制。近年来，汽车以太网(Ethernet)的快速发展主要集中在BroadR-Reach方面，近期已经被纳入IEEE标准802.3bp体系。

未来很可能看到这些有线系统将被无线系统取代。对于音频和简单的控制应用，经典的蓝牙系统在这方面扮演着很重要的角色。蓝牙低能耗预计会在诸如胎压监测系统(TPMS)和遥控车门开关系统(RKE)中扮演着不可或缺的作用。从一个更长远的角度来看，需要更快的数据速率，而Wireless HD(无线高清，简写为WiHD)技术是一种很让用户期待的高速无线技术。

车载网络的发展使得靠近天线的电子设备模块输出的数字数据集成成为现实。

（一）用于无线广播的智能天线

天线旁边的电子设备集成有其自身的挑战，其所产生的噪声是设计者需要克服的挑战。对于如面向媒体的系统传输(MOST)的光学系统，在由电到光的转化过程中产生的开关噪声仍然是最大的挑战之一。对于如AM等广播系统，这种噪声会导致甚至是最强的广播电台信号的损失。

通常情况下，天线模块的尺寸较小。一个典型的例子是安装在车顶的天线。从车辆美学的角度考虑，电子元件被要求以最小尺寸集成到天线的基座上。这些要求导致对密集电路的需要，这可能进一步会增加噪声问题。

智能天线需要比传统天线放大器更大的电流消耗，对散热器的需求也是设计考虑的一个重点。车顶天线有助于解决这个挑战。

用于广播电台接收的车顶天线的电路。天线提供AM和FM无线电功能，将以光学形式输出的数字音频传送到车辆网络。该设计包含了获得最佳噪声性能的多层电路板。为获得最佳导热性能，电压调节器直接安装在天线单元的金属部件上，而天线单元又直接安装在车顶上。

（二）全球卫星导航系统智能天线

之前讨论了目前车辆上的许多系统，这些系统需要从车辆上获取位置数据。这些要求通常局限于车辆导航系统，因此全球卫星导航系统(GNSS)接收器设置在导航电子元件中是合理的，导航电子元件通常是由用户界面和显示器组成。目前的系统，如紧急救援系统(E-call)、车辆跟踪系统和利用置于车内的应用程序系统需要获得车辆位置数据。

这些系统通常需要多个分离器支配全球定位导航系统的信号，或需要多个天线设置在车内或车顶。

CAN总线有两个用途。第一个用途是将从车辆传感器获取的数据提供给天线模块，用于航位推算。航位推算是GNSS接收器中的计算程序，该程序根据从车辆陀螺仪、车轮传感器、转向、车辆速度、行驶方向和其他的传感器收到的数据来计算车的位置。当全球卫星导航系统(GNSS)信号不强，或者是变弱、失真的时候，GNSS接收器利用航位推算程序输出计算的车辆位置。

第二个用途是传输由天线模块输出的车辆位置信息数据，这些数据可用于CAN总线上的所有系统。当程序数据被输出到CAN总线，在质量上没有任何下降的情况下，多个系统能够接收这类数据。

第三章 ITS传感器网络和监视系统

第一节 基于物联网的视觉传感器网络中支持 ITS 服务的中间件解决方案

一、概述

在过去的几年里,已经实施了大量的工程项目,旨在创建有效的智能交通系统(ITS),从而为终端使用者提供经济高效的服务。欧盟(EU)在这方面的研究活动上做出了越来越多的贡献,这些研究活动的主要目的在于以下几方面:

(1)充分利用道路、交通和旅游数据。

(2)确保在智能交通系统服务中,交通和货运管理的连续性。

(3)创建智能交通系统的道路安全和保障应用程序。

这些要求欧盟在2010/40/EU的指令中已经有明确说明。

为了创建能够满足欧盟要求的、有效的智能交通系统的解决方案,发展分层体系结构是必要的,在体系结构中,数据收集基础设施能够在监控区域收集数据。尽管普适性对于智能交通系统收集层来说很关键,但是只有当使用低成本硬件的解决方案,并且它们之间可以通过标准协议进行无线通信时才能达到这个要求。使用以低复杂性的微型控制器为基础的嵌入式设备可以达到低成本的要求,同时可以为它们提供能够支持知名的基于互联网协议的先进的通信能力。在这个方向上最合适的技术解决方案是基于视觉传感器网络(VSN),该网络基于最新开发的为了支持资源受限的设备的、被用于无线传感器网络(WSN)的物联网(IoT)范式的通信标准。使用来自基于物联网的无线传感器网络且具有视觉功能(如基于物联网的视觉传感器网络)的低复杂度设备,一方面需要发展先进的低复杂度的计算机视觉算法,使它能够提取和移动相关的数据(如交通流量、停车场占用水平)。另一方面,它极大地减少了ITS场景的安装成本。视觉传感器(VS)可以安装在已有的电杆上,从而避免了最先进的解决方案需要安装侵入式的昂贵基础设施(如感应线圈)的状况。此外,由于标准协议的使用源于因特网世界,适用于视觉传感器网络场景,使系统的普遍性、创建开放的、相互协作的ITS作为更大的物联网网络的一部分成为可能。把视觉传感器网络和物联网研究领域的先进解决方法融合在一起,就能创建ITS的创新的具有成本效益的且被优化过的收集层。举例来说,采集数据的基础设施的每个节点可以提取与移动性相关的数据,同时利用车载对捕获图像进行处理,然后分享它们,使得它们能被其他节点或更高层次的实体使用去生成复杂事件(例如,通过融合多节点的特征进行交通队列检测),或者用来运行应用程序(例如,通过向云中的控制中心发送原始数据进行交通流量预测)。

根据上述愿景,整个系统的信息被分散全球网络的所有节点上:视觉传感器网络内部执行物联网协议,外部在高远程终端能够得到视觉传感器提供的详细资源。在基于物联网的视觉传感器网络内部,网络节点暴露的资源既可以是标量特征也可以是矢量特征,它们通过车载对捕获图像的处理获得。在这种方式中,每一个视觉传感器提供基于其视野的反映环境认识的特征。这些特征进行组合、细化、聚合的网内处理都是必要的,这些操作可以委托给中间件解决方案,它能够做到以下几点:

(1)管理节点之间的网络交易。

(2)通过与公开的操作系统接口进行交互来管理节点功能。

(3)为运行时改变内部资源处理引擎(RPE)提供足够灵活性,因此可以在不改变节点固件的情况下,使得视觉传感器的网络处理重构。

本节我们首先介绍VSN,它专注于能够支持基于物联网协议的通信和开发在智能交通系统场景下计算机视觉的硬件设备。接着,作者描述了物联网实现的协议解决方案和基于物联网的WSN和VSN设计的REST范例。所提出的中间件架构,能够在基于物联网的VSN中支持网内处理重构,这些内容在本节的第三部分介绍。而在本节的最后一部分,中间件的工作原理将与停车场监控的用例结合进行详细介绍。通过在Seed-Eye板运行的Contiki操作系统之上真正实施的中间件,证明基于微控制器的低成本的VSN设备所提出的解决方案的可行性。在接下来的章节中,通过把VSN看作WSN,认为所有的节点都嵌入了视觉功能,使得基于物联网的WSN和VSN具有相同的意义。

二、视觉传感器网络和物联网协议

本节的第一部分,作者通过介绍基于嵌入式平台的最先进的硬件解决方案和已开发的针对智能运输系统场景的应用程序引入VSN,嵌入式平台能够支持基于物联网的通信。在第二部分,介绍了启用协议的物联网,并且讨论了基于物联网的VSN中REST范例的使用。

(一)视觉传感器网络

VSN(又称智能摄像头网络,或SCN)的理念是创建能够在本地处理视觉信息,以提取通过网络传送的信息的一系列特征的网络节点,从而避免了原始图像的全部传输。每一个VSW都将视觉传感、图像处理和网络通信结合在一个单一的嵌入式平台,这种嵌入式平台可以将传统摄像头转换成智能传感器。简单来说,VSN的主要组成部分是嵌入式VS和进行特征提取的计算机视觉算法。接下来,我们首先介绍VS硬件解决方案,然后介绍针对智能交通领域的VSN的应用程序。

1.视觉传感器节点解决方案

近年来,一些研究举措已经生产了视觉传感器的实时原型,这些传感器能够进行图像处理,并且可以根据IEEE 802.15.4标准进行无线通信,第一个主要要求是能够基于物联网通信。由于接下来介绍的所有方案都嵌入了IEEE 802.15.4的收发器,因此,只详细介绍它们的视觉功能和主要应用场景。

在展示的设备中,首次被引用的是NXP半导体研究团队开发的WiCa平台。这个装备配有基于SIMD架构的NXP Xetal IC3D处理器,其中,SIMD架构有320个处理元件,能够在VGA分辨率(640×480)下承载两个CMOS摄像头。它主要被应用于基于图像的本地处理和协作推理的程序。MeshEye项目是另一个研究方案,它旨在开发一种基于ARM7处理器的节能的视觉传感器,并且能够运行智能监控应用程序。关于视觉功能,MeshEye mote有一个有趣的特殊双目视觉的系统,它包含两个低分辨率、低功耗摄像头和一个高分辨率VGA彩色摄像头。值得注意的是,立体视觉系统能够连续地确定进入视野的移动物体的位置、活动范围以及大小。这些信息可以触发彩色摄像头获取含有兴趣目标的高分辨率图像子窗口,这样信息就可以被高效处理。

低成本的嵌入式视觉系统的另一个有趣的例子是由CITRIC平台展示的。这样的一个装置集成了130万像素的摄像头传感器、PXScale PXA270的CPU(频率最高可扩展到624 MHz)、16 MB的闪存和64MB的存储器。CITRIC性能通过三个示例应用程序说明:图像压缩、通过减少背景进行的对象跟踪以及在网络中自我定位摄像头节点。最新的设备项目是Vision Mesh和Seed-Eye板。Vision Mesh集成了Atmel 9261 ARM9的CPU、128 MB的NandFlash、64 MB SDRAM以及在VGA分辨率下的CMOS摄像头。安装的CPU的快速计算能力允许针对水利工程应用执行高级计算机视觉技术操作。在传感器网络中Seed-Eye板专门被设计用于基于图像的应用程序。事实上,增加了一个功能更为强大的微处理器,由Microchip公司制造的PIC-32MX795F512L和能达到130万像素的低成本摄像头,它就和微型传感器网络设备非常相似了。Seed-Eye板已经被用于ITS中,通过执行车载图像处理程序,进行来往车辆的计数和停车场占用水平的监测。

在所有上述视觉传感设置中,图像处理任务都是通过软件应用程序执行的。文献中提出了一个新的基于硬件的解决方案,这个方案主要目的在于提高VSN的处理能力。在这样一个原型解决方案中,一个基于FPGA的VS被设计出来,它有一个可重构的架构,能够将优化的硬件处理模块与执行高级视觉任务的最终目标联系在一起。接着,软核通过控制内部数据流结构和处理模块参数来掌握系统管理。外部微控制器或者嵌入在FPGA

中的另一个软核可以要求有通信功能。

2.视觉传感器网络在ITS场景中的应用

虽然无线传感器网络已经被证明是用于支撑下一代ITS的有效工具,但是在这样的一个场景下视觉传感器网络的功能仍然没有被充分利用。事实上,尽管基于标量传感器(例如声音传感器、超声波传感器、磁强计等)的传感器网络的几个实际部署可以在文献中找到(例如:VTraCk、ParkNet、WITS项目),视觉传感器网络的测试平台却是不常见的。在这个方向上最新的一个例子是IPERMOB项目开发的测试平台:一个实时的VSN已经安装在比萨机场陆侧去实时监控城市交通流。针对ITS开发实时VSN的主要困难在于将已开发的计算机视觉应用于新的资源受限的场景。正如文献中所提出的,事实上使用低成本的硬件,限制了它的计算能力和板载内存,使它不能利用先进的计算机视觉应用,必须针对新的应用场景重新设计或者修改。

近年来,很多以嵌入式VS为基础的与ITS相关的应用被提出。例如:在文献中提出为了检测停车位的状态,开发了两个嵌入式低复杂度的计算机视觉的应用程序,文献中提出使用VS来计数过往车辆和测量车速。展望未来应用,使用普适的VSN将允许一组能够解决ITS领域的几个开放性问题的交互操作系统的实现。虽然一方面,一个能够提取流动性相关参数的VS的普及部署将能够生成开放数据,供市政部门用于交通规划目的;但是另一方面,为了在所谓的智能城市创造先进的服务,可以改造旧的道路照明系统。此外,在同一个方向,更复杂的分布式应用程序可以被部署,用来开发以VS为基础的FPGA的计算能力以及无线网络的灵活性:一个真实的例子就是在行人过马路时的跟踪,从而提高未来道路的安全性。

（二）物联网

拥有通信能力的新的小型化和低成本的嵌入式设备的发展,并与全球范围内普及的互联网的结合,推动了物联网愿景的发展。物联网概念背后的主要思想是有全球互联的对象,每个对象作为网络中的资源被单独发现和处理。物联网设备可被远程访问,从而可获得大量与物理世界有关的数据。此外,通过使用普遍收集的数据以及利用由物联网启用解决方案提供的新的控制可能性,可以开发创新应用程序。在下面我们首先介绍物联网协议,然后我们讨论以物联网为基础的无线传感器网络中的REST范式。

1.物联网协议

基于物联网的通信依赖于涵盖知名的互联网协议套件的所有层的标准协议的解决方案。第一个制定ISO/OSI通信模型的物理(PHY)和介质访问控制(MAC)的子层的标准协议是IEEE 802.15.4,目的是保证通信在低速率无线个人区域网(LR-WPAN)的节能,这个标准在2003年发布了第一个版本。2007年,Kushalnagar等人提出IPv6对低速无线个域网

(6LOWPAN)有适应性,因此为基于IEEE 802.15.4网络的网络通信指定一个网络(NET)层。6LOWPAN的概念来自于"即使是最小的设备,互联网协议也可以/应该适用"U21的观念,同时,具有有限的处理能力的低功耗设备应该能够参与到设想的物联网中。6LOWPAN定义了IPv6数据包的传输帧格式、报头压缩机制,也描述了如何在IEEE 802.15.4网络上创建IPv6全局地址。除了标准的无线传感器网络中的基于IPv6的通信的定义,另一个要考虑的主要问题是路由协议。对于6LoWPAN,由于这种网络的低功耗特性,需要管理的多跳网状拓扑以及节点移动性导致的拓扑结构变化,路由问题就变得非常具有挑战性。成功的解决方案应考虑到具体的应用需求以及IPv6的行为与6LoWPAN机制。低功耗有损网络路由协议(RPL)是由网络社区开发的最先进的路由算法。作为一个标准的6LoWPAN路由协议,由于现有的路由协议不能满足低功耗和有损网络(LLN)所有的要求,所以IETF路由针对低能耗和有损网络工作组(RoIL)提出了一个标准的6LoWPAN路由协议RPL。引用最后一个协议使物联网解决方案是受约束的应用协议(CoAP),这是一个在应用程序(APP)层工作的标准的解决方案,目前被定义于IETF工作组核心内。它的目的是通过设计一个能够处理有限的数据包大小、低能耗的设备和不可靠信道的协议栈,为面向资源的应用程序提供一个基于REST的框架。CoAP设计用于与HTTP进行简单的无状态映射,并提供机器与机器交互。通过保持相同的交互模型来获得HTTP的兼容性,但使用的HTTP方法的子集。任何HTTP客户端或服务器可以通过简单地在两个设备之间安装转换代理与CoAP准备端点进行交互操作。

2.物联网无线传感器网络中的REST范式

2000年,Fielding在他的博士论文中介绍和定义了状态迁移(REST),这是一种分布式系统的架构风格。REST架构基本由客户端和服务器组成。客户端向服务器发送请求,服务器给予客户端相应的响应。请求和响应是建立在资源转移的基础之上,本质上是任何连贯和有意义的概念的资源都会被强调。资源的表示通常是捕获资源的当前或预期状态。和REST架构风格的系统整合最相关例子是万维网,它的资源使用HTTP协议操控。

REST范式可以成功地应用于基于物联网的无线传感器网络中,其中,资源通常表示传感器、执行器或其他可能的信息。然后,正如前面所介绍过的,用CoAP协议来取代HTTP,因此,允许传感器节点运行嵌入式Web服务,通过这些服务可以操纵其资源。具体而言,CoAP提供了四种方法来操纵资源。

(1)PUT,要求更新或创建,通过传输表示在请求中指定的URI标识的资源。

(2)POST,要求在请求中的传递过。

(3)GET,它要求检索在请求中指定的URI标识的资源的表示形式。

(4)DELETE,要求删除在请求中被指定的URI标识的资源。

CoAP还提供了一个资源监测机制(OBSERVE)，它允许节点接收有关先前订阅的资源更改的通知。

一个简单的例子：用基于物联网的具有视觉能力的无线传感器网络作为ITS的采集层。网络由两个节点组成：一个是能对车辆计数和通过分析车辆的速度来检测可能的交通拥堵的视觉传感器，另一个是能够控制可变信息标志(VMS)的信息的执行器。通过REST的工作原则，每个资源被节点IPv6的地址一个符号名称标识，通过PUT、POST、GET和DELETE操纵。举例来说，CAM节点可以发送"queue"资源，它可以通过向URI协议发送GET请求被检索到：//[aaaa：：1]/trafficdata/queue。同样，VMS发送一个"message"资源，它可以通过向URI协议发送PUT请求被控制：//[aaaa：：2]/trafficdata/message，这里面包含在有效载荷中显示的信息。使用这种方法，可以创建一个收集交通拥堵通知的应用程序(向"queue"资源发送GET请求)，然后使用它们给驾驶人提替代路线的建议(向"message"资源发送PUT请求)。

使用标准的协议(即6LoWPAN和CoAP)使得节点可以在许多不同的应用中被使用。然而，一旦节点为特定任务安装和配置时，这些协议不提供改变设备应用逻辑的方法。如前所述，必须满足这些特征：中间件解决方案在视觉传感器上运行、在运行时改变内部资源处理引擎，以及管理网络交易和资源时能够提供足够的灵活性(即中间件必须能够从运行的计算机视觉算法获得数据，以更新发送的资源)。

三、基于物联网的视觉传感器网络中的中间件架构

中间件基本上是一个能够与高级应用程序和操作系统(OS)交互的软件解决方案。它的主要目的是通过隐藏特定异构系统的复杂性和提供一个常见的统一软件抽象来统一异构系统。除此之外，中间件通常提供通用的配置和维护服务，从而使复杂系统更容易管理。在无线传感器网络场景，中间件系统通常被设计成一个工具，以弥补应用程序高层次的要求和低层次的硬件复杂度之间的差距。无线传感器网络中间件应该提供足够的系统抽象帮助程序员，并允许他们把重点放在高层次的应用逻辑，而不关心低层次的实施细节。

在基于物联网的视觉传感器网络中，低复杂度的计算机视觉算法在传感器上执行以提供标量和矢量资源(即通过处理后的图像来提取标量和矢量特征)对于其他的网络节点，中间件必须能够。

(1)通过利用物联网协议同时使用REST范式来管理节点间的网络交易。

(2)管理视觉传感器的功能，允许通过公开操作系统接口去配置车载计算机视觉算法。

(3)为运行时间内改变视觉传感器的资源处理引擎提供足够的自由度。

最后的要求是最关键的，它允许组成、阐述和聚集图像相关资源，同时使其能在视觉传感器的网络处理中重构。这种中间件的高层次的要求，可以很容易地映射到中间件组

件,它们能够通过常见的接口进行交互。在系统级设计中,可以识别三个主要的中间件组件:

(1)RESTful网络服务(RWS)。

(2)配置管理器(CM)。

(3)资源处理引擎(RPE)。

RESTful网络服务和配置管理器被标识为OS组件,因为它们主要与OS接口交互去配置嵌入式视觉逻辑,并使用网络服务启用REST范式。资源处理引擎被标识为虚拟机组件,因为它提供了一个运行在操作系统之上的与平台无关的运行环境,这些将在下文中更好地阐明。根据文献中提出的分类,这种方法被认为是一个基于虚拟机的设计。

（一）RESTful 网络服务

RESTful网络服务组件通过CoAP交易处理所有网络数据的输入和输出;除此之外,它充当资源目录服务。事实上,每个由某个节点向其他网络实体提供的资源通过这些组件和RESTful接口内部登记。除此之外,组件具有内部公开资源的知识,包括简单的(像车载运行算法的输出)和复杂的(通过资源处理引擎得到的资源聚合过程的结果)。在基于物联网的视觉传感器网络中,由节点通过RESTful网络服务组件公开的内部资源可以是从处理后的图像中提取的标量和矢量特征。组件主要与OS网络通信栈以及其他两个具有通用应用编程接口(API)的组件交互。事实上,除了向资源处理引擎模块提供收集和发布资源的服务,它可以代表配置管理器组件管理网络事务,然而配置管理器的配置参数会作为资源再次公开。

（二）配置管理器

配置管理器组建是一个运行在OS之上的,并以OS为基础的应用程序。该组件负责部分平台的配置。它通过改变资源处理引擎逻辑来负责资源处理引擎的配置以达到资源处理的目的。在基于物联网的视觉传感器网络中,这个组件必须有的一个主要特点是能够改变运行的计算机视觉应用程序的配置参数的可能性。在基于嵌入式处理器的视觉传感器中(例如:WiCa、MeshEye、Seed-Eye等),简单的参数可以很容易地在运行时配置,如所获得的图像的分辨率、帧速率、车载计算机视觉应用程序使用的感兴趣区域。在这样一个类别的视觉传感器中,配置管理器甚至可以用来改变运行的计算机视觉算法,即使这需要固件更新策略。在基于FPGA和内部可编程逻辑的视觉传感器(例如:以FPGA为基础的视觉传感器,这个在上一节中介绍过)中,配置管理器可以用来配置和组成整个计算机视觉管道,从而改变运行时的整个车载处理应用程序。此外,因为和RESTful网络服务组件的交互,计算机视觉管道中任意单一步骤的输出可以抽象为一个资源,从而使在网络中运行的多个分布式应用程序共存(即一个步骤的输出可以被一个节点的资源处理引擎在某一应用中使用,而另一个节点可以使用相同的值进行进一步阐述)。

（三）资源处理引擎

所有的输入源资(/is)和输出目标资源(/od)包含URI(即参考其他资源)。T-Res通过使用CoAP的资源监测机制来检测输入资源的新值。处理功能资源(/pf)包含执行所需的处理的代码。这样的代码仅仅是一个函数,每次调用新的输入值时,都会产生输出到输出资源的输出值。如前所述,任务资源的处理功能包含在接收到新输入时执行的代码。为了彻底地将任务处理功能从传感基础设施中分离出来,以及允许在无需固件更新的情况下通过另一个实体(如:配置管理器组件)来改变它们,处理功能必须与平台无关。因此它们不能用语言编写而必须被编译成本机代码(如:C、C++等)。另一种方法是采用可以被编译成字节码或者解释器直接执行的语言。为此,T-Res使用Python定义处理功能。因为Python的字节码运行在由操作系统管理的Py-thon解释器上,T-Res被认为是虚拟机组件,同样的分类可以应用于提出的中间件的资源处理引擎组件。

四、停车场监控案例中的中间件

本部分,通过考虑每个中间件组件的视觉传感器资源以及详细介绍Python代码在资源处理引擎中进行资源处理的过程,中间件的工作原理在案例"停车场监控"中详细介绍。除此,在基于物联网的视觉传感器中提出的中间件解决方案的可行性通过在Seed-Eye板上的真正实施被证明。

（一）案例场景、公开资源及其交互

考虑这样一个例子:在一个基于以物联网为基础的视觉传感器网络的ITS的采集层中部署视觉传感器去评价几个停车位的状况。通过参考,可以看到我们有三个节点去监测总的四个停车位(为了简单起见),其识别号码是23、25、26和27。因为部署在现场,所有的三个节点的视野中都能看到停车位25。此外,每个视觉传感器运行一个车载计算机视觉算法,将每个停车位的占用水平作为输出,它的取值范围从0到255。对于停车位的状态,这样的数值本质上反映了决策的不确定性。实际上,考虑到(0, 128)的范围内与空状态相关的值,接近于128的值可以表示更大的不确定性。对于完全状态,这么考虑依然是有效的,它的占用水平在(128, 255)之间。在安装阶段,每个视觉传感器可以通过一个可能的网关实体设置为每个停车位,即算法所考虑的感兴趣区域(ROI),以及一个固定的权重,即算法用来评估的占用水平的值进行远程配置。例如,在部署期间,每个摄像头的视野范围内仅有部分停车位:在这种情况下,该算法可以在使用低权重在配置过的ROI上运行,它对应于一个与占用水平相关的较大的不确定性。考虑到前面描述的中间件运行在每个视觉传感器上,每个组件公开的资源如下。

（a）通过RESTful web服务组件的停车资源。

·/space_xx_level。

(b)配置管理器组件。

·/space_xx_roi。

·/space_xx_weight。

(c)资源搜索引擎组件。

·/tasks/parking/is。

·/tasks/parking/pf。

·/tasks/parking/od。

·/tasks/parking/lo。

（二）中间件的实现

为了证明所提出的中间件解决方案的可行性，我们通过在Contiki OS上运行其组件，考虑将Seed-Eye板作为目标设备，评估了它对代码大小(闪存占用)和内存(RAM占用)的要求。第一步，我们移植Seed-Eye的T-RES和PyMite。PyMite是一个适合嵌入式系统的简化的Python虚拟机，它被T-Res用来运行处理函数。第二步，我们执行简化功能的基本配置管理器的组件。由于它内部的6LOWPAN和CoAP的支持，RESTful web服务本质上是由Contiki OS提供的。

我们在提出的Seed-Eye平台上测试执行结果，这是一个配备有128 kb内存和512 k闪存的PIC32MX795F512L单片机。表3-1显示了内存和闪存占用的百分比，这些值通过它们占用总的单片机资源的百分比得出。对于低复杂度和低成本的视觉传感器，所提出的中间件是一个可行的解决方案。在Seed-Eye板上，只需要有13%可用的内存和34%可用的闪存。因为占用内存的限制，更多的处理任务(Python的字节码)可以在资源处理引擎组件中实例化，因此使网络处理功能更加复杂。举例来说，一个节点可能会用一些资源组合逻辑，去评估得到可能更好的组合策略。此外，由于所需的闪存量减少，可以开发比现在正在使用的更加复杂的配置管理器组件，从而在下一代基于FPGA的视觉传感器出来之前要全力支持更加灵活的配置策略的发展。

表3-1 Seed-Eye设备的代码大小和内存要求

设备	RAM/bytes	闪存/bytes
Seed-Eye	16120（13%）	171832（34%）

第二节　城市环境下用于智能交通系统的智能摄像头

一、概述

交通监控摄像头的全自动视频和图像分析是一个基于计算机视觉技术快速发展的新兴领域。对智能交通系统的影响越来越大。

因此,硬件成本的降低和摄像头与嵌入式系统的日益发展,为城市与高速公路场景下的视频分析打开了新的应用领域。可以设想,摄像头可以监测多个目标,例如交通拥堵、违反交通规则以及车辆相互作用,最初安装这些摄像头是用于人类操作的。

在高速公路上,用于车辆检测和分类的系统已经成功地应用经典视觉监控技术,例如在一段时间内进行背景估计和运动跟踪。目前现有的方法在恶劣天气下也有不错的表现,并且能够每天24 h运营。相反地,城市区域很少被研究,并且考虑到交通密度和较低的摄像角度会更具有挑战性,这就导致了道路的高度闭塞和道路使用者的多样性。对象分类和3D建模方法,激发了对这些挑战的更先进的技术。此外,由于可扩展性问题和成本效益,城市交通监控不能持续性地基于高端采集和计算平台,嵌入式技术与普适计算的出现可以缓解这个问题,部署普适和不受限制的诸如无限传感器网络的技术,对于解决城市交通监管问题的确是具有挑战性的,同时又是绝对重要的。

基于这些考虑,本部分的目的是介绍在城市场景中用于支撑与智能交通系统有关的可伸缩技术;特别是我们调查用于实现智能摄像头的解决方案,板载视觉逻辑智能摄像头能够用于检测、了解和分析与交通相关的情况与事件。实际上,为了恰当地解决在城市环境下的可扩展性问题,我们提出使用一种分布式的普适的系统,该系统存在于智能摄像头网络中,智能摄像头网络是无线传感器网络中的一种,在无线传感器网络中每个节点都配备一个图像感测装置。出于这个原因,智能摄像头网络(SCN)也称为视觉传感器网络(VSN)。显然,从零散摄像头的网络中收集的信息有可能覆盖一个大面积的区域,这种方法是许多视频监管和环境智能系统的共同特点。然而,大多数传统的解决方案是基于一个集成的方法;而实际上,视频处理是在单个单元中实现的,仅有传感是分布式的。在这些配置中,来自多个摄像头的视频流被编码和传送(有时采用复用技术)到一个中央处理单元,来解码并且处理视频流。相对于这些配置,以下几方面是引入分布式智能系统的动力:

(1)车速:网络内部分布式处理本质上是平行的;除此之外,模块的专业化允许在更高水平的网络中减少计算负担;通过这种方式中央处理器的作用被解除,实际上它可能在一个完全分布式的结构中被省略。

（2）带宽：节点内处理更能够减少传输数据量，这种方式通过传送所观察到的场景仅仅是信息丰富的参数而不是冗余的视频数据流。

（3）冗余：在一些组件故障的情况下，分布式系统可以重新配置并且仍然能够保持整体功能。

（4）自主：每个节点都可以异步处理图像，并且可以自主地对场景中的感知变化做出反应。

特别是，这些问题暗示着可以向摄像头节点移动一部分信息。在这些节点，人工智能和计算机视觉算法都能够自主适应内部条件(例如硬件和软件故障)和外部条件(例如天气和照明状况的变化)。可以说，在视觉传感器网络(VSN)中节点不仅仅是传感器的信息收集器，它们还必须协调来自视频流中的大量原始数据的场景中显著和紧凑的描述符。这自然需要计算机视觉问题(例如图像序列的检测变化、目标检测、目标识别、跟踪和用于多视点分析的图像融合)的解决方案。事实上，不了解场景可能在不涉及上述的一些任务下完成。众所周知，对于每一个这样的问题，都存在着由计算机视觉和视频监控区提供的已经实施算法的广泛资料库。然而，由于算法的高计算复杂度或过度苛刻的存储要求，目前大多数的可用技术均不适合在视觉传感器网络(VSN)中应用。因此，特设的算法应该为视觉传感器网络(VSN)设计，所以我们将在接下来的部分章节探讨。

在本部分，我们首先设想智能摄像头的应用和将视觉传感器网络(VSN)应用到城市场景下，从而突出具体的挑战和特点。接着，介绍嵌入式视觉节点，并且提供了现有硬件解决方案的一个简短的调查；然后，介绍了在智能摄像头上使用普遍的计算机视觉算法和视觉传感器网络(VSN)。我们会进一步描述两个智能交通系统的示例应用程序，即交通状态分析和停车场监控。在第一个示例应用程序中，一个车道上的车流量估计是通过使用一个稍微不同于应用在标准结构的传统轻质计算机视觉管道实现的。在第二个示例应用程序中，提出了一种监控停车场的方法；这里的视觉节点相互合作以运行出更为精确和全面的结果。

二、城市场景中的应用程序

根据文献，用于城市交通活动的自动分析的范围不断增大。部分原因是摄像头和传感器数量的增加，基础设施的性能增强和数据的可访问性。此外，用于处理视频流的分析技术的进步和计算能力的提升，已经使得智能交通系统的新应用出现成为可能。

实际上，摄像头已经被应用于交通和其他监测目的很长一段时间了，因为它们为人们的理解提供了丰富的信息资源。现在视频分析可以通过自动提取相关信息，为摄像头提供附加值。通过这种方式，计算机视觉和视频分析对于智能交通系统来说日益重要。

在公路交通场景下,目前摄像头已被广泛使用,而且现有的商业系统也表现出优良的性能。摄像头固定在特设的基础设施上,有时加上可变信息标志(VMS)、路侧单元(RSU)和智能交通领域的其他典型设备。交通流分析通常是通过使用特殊的宽带连接、编码、复用和传输协议将数据发送到中央控制室,其中专用的有效硬件技术用于处理多个输入视频流。通常的监测方案是在车道和车辆类别之间估计交通流量,这项技术和更为先进的分析技术例如检测停车车辆、事故和威胁安全、法律效力目的异常事件。

相反地,在城市环境下进行交通流量分析比在高速公路上更具有挑战性。另外,在城市环境中若干额外的监测目标在原则上可以通过应用计算机视觉和模式识别技术得到支持,这些技术包括检测复杂的交通违法行为(例如非法转弯、单行道、限行)、识别道路使用者(例如汽车、摩托车以及行人和他们之间的相互作用,即人与车之间或车与车之间的时空关系。由于这些原因,将无线传感器网络应用到城市场景中是很有价值的。

总的来说,我们可以判别针对4个不同的场景的基于系统的视频检测,分别是以下几方面:

(1)安全。

(2)执法。

(3)计费。

(4)交通控制与管理。

尽管本部分我们主要集中在后者,但是我们都简要地介绍了它们。

安全涉及预防和及时警示交通事件,和路侧事件尤其是城市环境中出现的事件。一方面,检测类似车祸、停滞车辆、普通障碍物、隧道交通事故、洪水和山体滑坡是极其重要的:实时检测能够及时响应,从而挽救生命。大多数情况下,由于视觉节点,大部分获得的信息都能够得到其他探测器的有效补充。举个例子,烟雾检测器在涉及火灾上的危险隧道事故中扮演着比视频传感器更为重要的角色。一般情况下,当理解有效语义的复杂场景时,视觉信息变得很重要。例如,在检测山体滑坡和障碍物的情况下,基于雷达的技术或许能够提供更大的可靠性和全面运作,在不利的气象条件下(如雨雪)和能见度低的情况下也是这样。然而,同样是在这种情况下,视频信息的集成通过使用目标识别方法在降低错误情报方面非常有用,从而提高了系统的整体性能。城市环境的交通安全认为应该检测路边事件比如犯罪和严重的破坏行为。例如,商业上可用的解决方案包括用于网络检测停车场的方法,即行人作为乘客从一辆车下来转移到另一辆车。这的确是偷车贼的捕猎行为。

执法时基于检测到的非法行为和用于罚款的文件。此外,公认的和成熟的技术,例如,对于交通指示灯违规行为,基于视觉的系统能够识别更为复杂的诸如违法转弯或者擅入高承载车辆(HOV)车道上的行为。以Xerox公司为例,其最近生产的利用几何算法检测座椅是空置的还是被占用了的车辆乘客检测系统,没有使用面部识别。违法行为的文件通常是通过获取许多足够代表违法行为的图像结合自动车牌识别(ANPR)来执行的,从而判别违法车辆。

ANPR也是基于视频计费和收费共同组成的。此外,在这种情况下,有许多由供应商提供作为商业方案的成熟技术。城市计费系统相对于公路的一个特点是非侵入性的要求:改变正常车流是不可能的,但是自由流收费必须实施。满足这些要求的技术已经可用并被应用到伦敦、斯德哥尔摩和新加坡,但是它们的实际成本阻止了其在中等城市或低资源型城市的大规模部署应用。然而,这种低成本的计费技术的可用性可以为车流、道路使用和交通拥堵的精细化数据分析的收集铺平道路,从而允许自适应交通需求管理(TDM)政策的实施,该政策旨在将更加可持续、有效且被社会普遍接受的可动性应用到城市和大都市。其他不基于视频而是基于NFC的技术,在不久的将来在填补这一空白方面将成为普遍。

最终,交通控制与管理与获取可能在若干背景环境下的城市观测场景的信息有关。例如,实时车辆计数可以被用于评估道路服务水平和检测道路拥堵水平。这些实时信息可能会被用于交通线路规划;或通过直接提供建议给用户(例如,通过VMS)以使旅行者可以根据这些数据获取最佳路径。最后,关于车流量的统计数据可被用于了解流动模式,并且帮助利益相关者改善城市可达性。通常情况下,车辆计数是通过提供精确的测量方法和车辆分类的感应线圈执行的。感应线圈的主要缺点是,它们需要安装在路面上,因此需要一个相当长期和昂贵的安装过程。此外,维护和保养线圈也需要破坏道路路面,所以在大部分城市场景下感应线圈是不可持续的。基于雷达的传感系统也可用于车辆计数和进行一些简单的分析,但是在交通拥堵的情况下,它们一般表现极差。最近几年,人们对基于视频的技术系统非常感兴趣,这种系统是基于嵌入的图像处理装置。诸如Traficam的解决方案已被商用,并且能够在交叉口计数若干车道。除了车辆计数,交通管理可以获取其他交通流参数,比如识别由不同车辆类别(汽车、轨道车辆、公共汽车、自行车和摩托车)组成的交通流的组分,评估每个检测车辆的机动速度。

另一个有趣的话题是停车位的监控。事实上,尽管有一些商用的停车位监控的解决方案,但是大部分都是只适用于固定结构的和封闭的停车场,而且它们通常需要很大的安装成本以适应已经存在的停车设施。与之相反,视觉节点可以灵活地应用到多个场景包括路边停车位。其次,视觉节点还可以提供关于是不是单一停车位可用的信息。这可能是有用的,例如,监控的特殊的空间,例如禁用空间或设有电动汽车充电站的空间。

从城市场景应用简短的调查中,我们认为基于视觉技术的普及逐渐成为人们的兴趣,尤其是以下情况出现的时候:

①需要掌握一些不能仅仅依据标量传感器单独获取的语义信息时。

②不能完成驱动安装技术,比如受干扰的传感器、高端设备,或者没有足够的财政支持时。

③需要一个可扩展能够覆盖大都市区域的架构时。由于计算机视觉不是一个特定的应用,所以视觉传感器网络(VSN)的一个附加特征通过以下事实表现出来:它可以重新适应不断变化的城市环境,甚至可被重新设定以支持通过更新在每个传感器配置的视觉逻辑完成新的场景识别任务。相反地,标量传感器(如感应线圈)和雷达专用传感器提供的信息没有灵活性,这和它们构建的信息是不同的。

综上所述,更传统的智能交通系统(ITS)能够适应多种甚至非结构化的场景并且已经采用了先进的低成本的技术。但它局限于封闭和丰富的系统中,而基于视觉传感器网络(VSN)的普遍技术可以提供一个具有内在可伸缩性的共享的经济合算的传感设施,因为该架构是出于逻辑领域与视觉传感器网络(VSN)片段相呼应制作出来的。因此,视觉传感器网络(VSN)可在多个层面进行开发应用,从而影响交通系统在小型、中型和大型城市以及非结构化的道路网络的建立。

三、嵌入式视觉节点

跟随低功率处理、无线网络和分布式传感的趋势,视觉传感器网络(VSN)正逐渐成为人们的研究热点,正如最近的文献所述。视觉传感器网络(VSN)包括被称作摄像头节点的微小视觉传感器节点、摄像头节点集成图像传感器、嵌入式处理器和无线RF收发器。大量的摄像头节点形成一个分布式系统,其中,摄像头节点能够局部处理图像数据(即节点内部处理)、获取相关信息、与其他摄像头协同甚至自主地应用于特定任务,并且能够为系统用户提供捕获图片的丰富的场景信息的描述。

（一）可用视觉节点的功能

在过去几年中,一些研究项目创造了嵌入式视觉平台的原型,原型可用于部署建立视觉传感器网络(VSN)。其中的第一个经历,Panoptes项目旨在开发视觉传感器网络应用的可扩展结构。Panoptes传感器的主要功能是相对较低的功率且高品质的视频采集装置、节电的优先次序缓冲区管理算法和用于高效查询和视频数据映射的算法。传感器的尺寸、功率损耗和其相对较高的计算能力和储存能力,都使得Panoptes相比较不受限制的低功率和低保真度的传感器更接近高级智能摄像头。Cyclops项目为传感器网络提供了另一种有代表性的智能摄像头。摄像头节点都配备有一个低性能的ATmega 128 8位的RISC微控制器。从存储记忆的角度来说,该系统是很受限制的,128 kB的闪存程序存储中只有4 kB的SRAM数据存储。CMOS传感器支持在CIF分辨率(352×288)下8 kB单色、24 kB RGB颜色和16 kB的YCbCr颜色的三种图像格式。在Cyclops板,摄像头模块包含用于执行去马赛克、缩放图像尺寸、校正色调和转换空间色彩的完整图像处理流水线。

在MeshEye项目中,设计了一个高效节能的智能摄像头遥控架构,主要是把智能监控作为目标应用程序。MeshEye具有一个有趣的特殊视觉系统,该系统是基于两个低分辨率低功率的摄像头和高分辨率的彩色摄像头的立体结构。特别地,立体视觉系统连续地确定进入其视野的位置、范围和尺寸大小。这些信息触发色彩摄像头获取含有兴趣目标的高分辨率的图像子窗口,随后会被高效处理。低成本的嵌入式视觉系统的另一个有趣的案例是CMUcam系列在卡耐基梅隆大学展示的。更确切地说,第三代CMUcam系列已经被专门设计,以提供一个开源的、灵活且易于开发的平台,把机器人技术和监控技术作为目标应用。硬件平台相对于其前辈变得更强大,可被用于装备有简单视觉能力的低成本嵌入式系统,以获得智能传感器。硬件平台是由CMOS相机、ARM7处理器和用于MMC卡的插槽构成的。标准的RF收发器(例如TELOS遥控)可以轻松集成。CMUcam4目前已经上市,它采用了Parallax P8X32A和Arduino兼容屏蔽。

最近,CITRIC平台在一个装置中集成了摄像头传感器、CPU(频率最高可扩展到624 MHz)、16 MB的闪存存储和64 MB的RAM。这种装置,曾经配备标准的射频(RF)收发器,对于视觉传感器网络(VSN)的发展非常适用。CITRIC系统的设计允许执行网络内部的中度图像处理任务,该任务是分布在网络的节点上。通过这种方式,与集中解决的办法,传输带宽存在更少的严峻问题。这些结果通过以下三个示例说明,分别如下:

①图像压缩。

②通过背景消除追踪目标。

③在网络中进行摄像头节点的自我定位。

上述电子项目是现有设备的示例展示,这些设备能够转化为视觉无线传感器网络的传感器节点。

（二）嵌入式节点的计算机视觉

配备图像传感器的嵌入式节点需要专门的计算机视觉算法转化为实际的智能摄像头。事实上,对于大部分的计算机视觉任务,如变化检测、目标检测、目标识别、跟踪和用于多视点分析的图像融合,已经实施的方法中存在arsenal;然而,目前的大多数可用的技术并不适合于视觉传感器网络(VSN)的应用。实际上,嵌入的节点通常只有有限的存储空间和计算能力。微控制器偶尔也被应用,但是浮点运算本身不被支持。此外,对于耗电量经常被限制在自供电和电池供电的传感器,密集型操作可能会减少自主权至可接受水平之下。由于这些原因,应用在集中设施的标准中的传统计算机视觉传递途径不能用于视觉传感器网络(VSN),但是重新设计所采用的算法却是必要的。为了开展一个更轻量级的方法,重新设计的范围可以从优化嵌入式架构(使用查询表格、近似计算和引进启发式)到传递途径翻天覆地的变化。对视觉传感器网络(VSN)已经尝试使用一些特殊的图像分析方法。

以文献为例,文章展示了能够支持查询一组图像的视觉传感器网络(VSN)以搜索场景中的特定目标。为了实现这一目标,该系统使用由尺度不变特征变换算法(SIFT)描述符给出对象的表示法。事实上,由于描述符尺度、方向和仿射失真的不变以及光照的部分变化,SIFT描述符甚至在复杂背景下和在部分遮挡的状况下都可以支持鲁棒辨识对象。特别地,无论图像规模如何,使用SIFT描述符都可以恢复场景中感兴趣的目标。CMUcam3视觉系统也提供有趣的计算机算法。除此之外,无论是基于颜色的异质性还是框架的不同,基本的用于实时跟踪斑点的图像处理过滤器(比如卷积)方法都是可用的。定制的人脸检测也包括在内。这种检测是基于Viola-Jones检测的一种简化,通过启发式算法进一步减少计算负担。例如,检测器不在呈现低方差的图像区域搜索人脸。机器学习分类器用于在嵌入式节点部署以提供所述场景的语义解释是非常有用的,比如Viola-Jones detector检测。实际上,在视频和图像中自动检测语义概念是克服人与机器之间的语义距离的一个尝试,这种语义距离可以被定义为人们可以从传感器数据获取和在给定情况下同样的数据能够提供给用户的信息之间缺少一致性。用能够自动检测某些语义概念(如汽车、人或障碍物)的视觉逻辑可以缩小差距。

基本概念的检测可以通过使用监督学习方法实现,在这种监督学习方法中,一组充足的标签数据(注释:以便使它们包含或不包含被检测的概念)在训练阶段被用来学习概念模型。以监督的形式学习的系统(例如支持向量机svm)提取图像的一些特征和它们的标签作为输入,并学会在这些视觉特征和概念之间的关系模型。然后我们能够分类不用于使用学习模型的训练过程的新图像。通常使用的低级视觉特征是描绘图像或图像的某些部分的彩色直方图、梯度直方图、感兴趣的点、边缘、运动和深度。

在更复杂的情况下,被要求检测事件而不是简单的对象;事件作为一组在时间和空间相互作用的目标(包括人)能够被正式表示和识别,比如一组通过街道的行人、车祸和停车场。在视频序列的图像区域是通过目标对象和作为相互作用的结果的图像的目标变化的空间关系做标签的。机器学习算法需要一个初步的(和一般计算密集型)学习阶段来产生训练分类。显然,当这些方法被应用于视觉传感器网络(VSN)中,初步学习阶段可异地完成,而只有已经训练的检测器需要移植到视觉节点。在机器学习的方法中,一个共同且有效的方法是基于滑动窗的方法,因而称作图像的矩形子窗口是通过应用能够区分它们是否包含目标对象类的示例来测试的。

关于场景的先验知识,如果可用的话,或者已经通过网络内的其他节点收集的信息可被用于减少寻找范围,既可以通过在图像中忽略某些区域,也可以在一定的比例范围内搜寻矩形区域(如覆盖少于整个图像区域的30%的矩形区域)。例如,由于车牌具有标准尺寸,如果我们大致知道图像的规模,我们可以期望仅当尺寸在区域的像素与实际的物理尺寸兼容时来观察车牌。在各种可能中,Viola-Jones方法在视觉传感器网络(VSN)中尤其受到关注。事实上,这样的分类器是基于使用所谓的排斥反应级联。在级联的一些阶段不能满足接受准则的窗口会被立刻拒绝而且不进行进一步的处理。同样在动力学方式中,为了更好地对内部与外部条件做出反应,级联还允许根据网络输出的特定用途调整探测器的反应。首先,在检测的可靠性与需要的计算时间之间折中,可以通过整体网络的自适应实时要求来控制。实际上,检测器可能在级联的早期阶段被中断,从而产生一个快速甚至不太可靠的输出,这在任何情况下都可能足够用于解决当前的决策问题。以同样的方式,通过控制在级联的最后阶段的阈值,视觉传感器网络(VSN)可以动态地选择在特定情况下的误报率与所需的检测率的最佳折中。

相对于单目系统,视觉传感器网络(VSN)的一个优点是它们可以固有地利用多视点信息。但是由于带宽和效率的考虑,图像不能常规地在网络上共享,从而使3D属性(如视差图和深度)的无密实计算能够被用于视觉传感器网络(VSN)。然而,现场观察的静态几何实体在建立采集系统的期间可被适当地编入。此外,专门设计的参考可被引进到场景中用于获得由每个摄像头获取的信息的初始校准,从而使我们能够找到在不同节点看到的感兴趣的点和区域的几何对应关系。为此,知道这样的校准步骤的结果的一个协调器节点可被考虑在内,以从图像坐标到物理世界坐标翻译事件。这样的方法可以产生更稳健的结果和更丰富的场景描述。这些想法通过使用多个摄像头和一个特殊的用于复杂事件比较的中间件层被用于检测停车场监控问题。

四、在智能交通系统的嵌入系统实施计算机视觉逻辑

本部分介绍了两个基于视觉传感器网络(VSN)的计算机视觉的智能交通系统的实例应用。第一个实例应用涉及车流量的估计,而且它是基于与应用于标准架构的传统计算机视觉不同的轻量级计算机视觉传递途径。在第二个示例应用程序中,展示了对停车场的监控方法;视觉节点之间相互协作以输出更为准确和健全的结果,就停车位占用状态做出节点间的决策。节点间的判断逻辑可以以IoT的框架实施,例如,通过使用视觉传感器网络(VSN)的中间件。所提出的应用是基于并延伸了之前的工作。

(一)交通状态和服务水平

交通状态的分析和服务水平的评价通常是通过获取车流中通过的车辆速度和车型信息进行的。传统的传递途径开始于以下几种。

(1)背景减除和前向移动。

(2)车辆检测。

(3)车辆分类。

(4)车辆跟踪。

(5)最终数据提取。

相反的,在视觉传感器网络(VSN)中,采取轻量级的方法是方便的;尤其是,仅处理在感兴趣区域(RoI)的数据,可以检测到车辆的出现位置。然后,在这些检测的基础上,车流信息并不是来自明确使用的经典跟踪算法。

详细地讲,背景减除仅仅是在小四方形的RoI进行的。这样的形状足够用于透视偏斜下建模物理矩形。通过这种方式,当低视角可用时(如普通市场景),处理偏斜的场景甚至不进行直接图像整流都是可能的,直接图像整流可在嵌入式传感器密集计算。四边形的RoI也可被用于建模图像上的线条(即一个像素粗线)。

在这样的RoI,轻巧的检测方法被用于像素分类,一个是变化的(在这种情况下像素被分配给前景),另一个是不变的(在这种情况下像素被认为属于背景)。这种决定是通过模拟背景获得的。有几种方法是可行的,最简单的一种是由简单的框架差分表示的。在这种方法中,之前的帧到正在处理的帧之间的图像被作为背景。如果帧差分值大于阈值,那么像素被认为是改变的。帧差分是最快的方法之一,但在智能交通系统的应用方面存在一些缺点;例如一个像素被认为改变了两次:第一次是车辆进入的时候,第二次是车辆从像素区域退出的时候。此外,如果车辆是均匀分布的并且多于一帧成像,那么它有可能无法在第一帧之后检测到。

另一种方法是由静态背景给出的。在这种方法中,背景被作为一个固定的图像不包括车辆,可能归因于光照变化。由于天气、阴影和光线的变化,背景应该更新以在户外环境产生有意义的结果。然而,背景更新策略可能是复杂的;当背景更新的时候的确应该确保没有车辆出现。为了克服这些问题,具有自适应背景的算法被使用。事实上,这类算法在不受控的室外场景中使用是最稳妥的。背景不断更新融合旧的背景模型和新的观测图像。根据不同程度的计算复杂性,获得适应有多种方式。最简单的方式是使用平均图像。在该方法中,背景被建模为时间窗中的平均帧,该平均侦进行在线计算。然后,如果一个像素的阈值不同于平均图像的相应像素的阈值,那么这个像素就被认为改变了。所有像素中的阈值都是均匀的。将像素强度的标准差包含在内的可能性很大,而不仅仅是建模平均值,因此把背景的统计模型作为单一高斯分布。在这种情况下,无论是平均值还是标准差都是通过基于已经观察的帧在线计算的。通过这种方法,使用一个恒定的阈值而不是不同图像的均匀阈值,来观测像素是从背景分布中抽取的示例的概率,背景分布是通过把像素模拟为高斯分布的像素。高斯混合模型(GMM)是高斯分布的延伸。背景图像中的每一个像素被建模为高斯混合分布,而不是高斯分布。混合分布中高斯分布的个数是算法中的固定参数。当其中一个高斯分布对整个概率密度函数有边际贡献时，它就被忽略了，并且一个新的高斯分布被实例化了。高斯混合模型(GMM)以其能够模拟变化的背景甚至在有诸如晃动的阴影和树叶的情况下而著名。事实上，在这些情况下，很明显像素呈现多峰分布。可是，高斯混合模型(GMM)与高斯分布相比计算更加密集。码本是另一个自适应背景建模技术，与高斯混合模型(GMM)相比较，呈递出实时建模背景的计算优势。在该方法中，每个像素样本背景值都被量化到码本，它表示长序列图像的压缩背景模型。我们甚至可以捕捉到在有限储存记忆下的以长短时间的复杂结构的背景变化(比如阴影和晃动的树叶)。

一些特定程序可被设想和上述方法一起启动。特别是，一个重要的问题涉及背景是否更新的政策。如果一个像素在某些帧被特殊地标记为前景，我们可能不希望该像素有助于更新背景或者说在较小程度上做出贡献。同样，如果我们正在处理RoI，我们可能想要完全更新场景除非RoI没有任何改变被检测到；如果变化被检测到，我们可能决定不要更新背景中的任何像素。

数据提取过程开始为通过上述方法对每个车道适当地划分的前景或背景接收输入或更多的RoI。当处理在时间t内获得的帧时，算法决定RoI R_k 是否被车辆占用。该决定基于与像素总数相比变化的像素比率，例如 $a_k(t)$ =#(R_k 变化的像素)/#(R_k 变化的像素)。那么 $a_k(t)$ 被用于和阈值 τ 相比，以便估计车辆是否有效通过。如果 $a_k(t)\rangle\tau$ 并且在时间t–1内没有车辆被检测，那么一个新的交通事件就产生了。相反，如果一辆车在时间t–1内被检测到，那么就不产生新的交通事件，但是最后发生的事件的时间长度会一帧一帧地递增。最终，当在时间内没有车辆被检测到(例如 $a_k(t)\rangle\tau$)，那么交通事件就会声明已经完成不需要进一步更新。假定车速在检测时间内是均匀分布的，在帧的数量内被观测到的车辆，帧的数目正比于车辆长度且反比于车辆速度。以同样的方式，使用两个处于同一车道但由一个距离 Δ 隔开的RoI R_1 和 R_2 估计车速是可能的(见图3–1)。

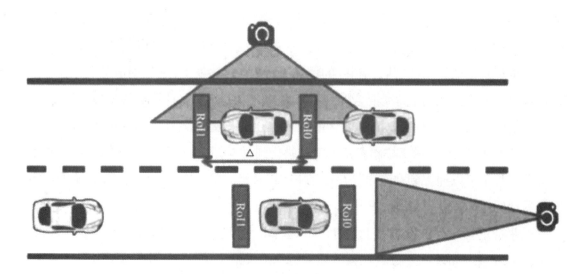

图 3-1 RoI 交通流分析配置

事实上,如果有 δ 帧的延误,车速可通过 $v = \Delta/(\delta v)$ 计算,其中 v 为帧的速率。车长可被依次估计为 $l = k/v$。显然,这些估计值的质量相对于几个因素变化很大,并且尤其是因为帧的速率和有限的 RoI 长度。实际上,帧的速率产生量化误差,该误差导致速度范围的估计;因此,该方法不能用于计算即时速度。在有限的 RoI 长度情况下,理想的检测区域是由检测线表示的,检测线长度为零。否则,定位误差影响任何检测。例如,不能确定在检测时刻车辆在 RoI 的确切位置。采用 1 像素厚的 RoI 缓解问题,但是这种方法会使得检测结果不可靠。这个问题既介绍了有关车辆长度计算的问题,又介绍了有关车辆速度计算的问题,因为在这两个公式中我们都使用公称距离 Δ 和检测之间的未知距离。然而,这是在传递途径中不使用恰当跟踪算法的缺点,这一缺点要求在嵌入式装置中计算资源不可用。但提供每一辆车的速度和大小类别是可能的。对于每一辆车的速度和大小类别,计数器用于积累检测的数目。计数器的时间分析对于估算车辆类型、平均速度和识别可能拥堵的道路的服务水平是足够的。

(二)停车监控

作为第二个示例应用,适用于视觉传感器网络(VSN)部署的算法已经被用于研究和设计分析停车场占用状态分析。相对于背景参考图像,为了突出 RoI 的变化,紧随其后的方法基于帧差分。接下来变化检测算法的细节将被给出,然后,关于检测一个停车位的占用率的方式规范会被介绍。此后,为了提高检测性能,在视觉传感器网络(VSN)中的节点协同会被描述。

为了提高计算效率,检测变化的帧差分被呈现在获取帧的预先决定的 RoI。每个 RoI 对应一个特定的停车位,每个区域绝对积累的像素明显差异被展示;为了就环境的灯光变化改正和提高算法的鲁棒性,这样的差异被动态衡量。

为了实施这一改进,相对于全部的照明参数(当前和参考图像的平均值和方差),图像的归一化版本被计算和使用。相对于RoI的大小,差异之和被缩放,最终它被储存在缓冲器中。在这一点上,为了检测最终的变化验证出现。特别是储存的实际值和历史值之间的比较能够过滤出可能的杂散值(例如超过阈值),如阴影的存在。以相同的方式,相对于参考图像,为了检测可能的变化,储存值和另一阈值相比较。在这一点上,算法产生的第一输出结果,是一个相对于特定停车位占用状态的值。

一旦算法计算出关于每个停车位的占有率(相应于RoI),就会产生一个节点内占用率检测的过程。为了避免过渡事件(例如,走动的人和由外部目标引起的阴影),只有在被连续观察获得的特定的帧的数目后,占用状态变得有效且被发送到视觉传感器网络(VSN)。

对于每一个停车位,该算法在[0, 255]范围产生一个置信度的值,这意味着接近零代表相对于参考值几乎没有检测到变化,并且因此停车位有可能是免费的;另一方面,较高的值显示在观测场景中发生了很大的变化,因而停车位可能被占用。

在视觉传感器网络(VSN)的一个更高的水平,由单一节点产生的置信度值作为一个256级的数目应该被转化为对应于空闲或繁忙的停车位相应的值,因此考虑到停车可用性做出最后的决定。

为此,由于中间件的存在,局部置信度将通过视觉传感器网络(VSN)传播。特别是当一个停车位空间被一个以上的传感器节点监督时,在考虑到停车位占用率时最后决定在节点间的级别获得。

详细来讲,最终决定是通过聚集由不同节点(这些节点是静态错位的并且具有监督停车位的静态表)产生的所有的置信度值获得的。如果一个停车位k通过$n=n(\cdot)$个传感器节点监督,并且成为来自每个单个的传感器节点在时间t内$v_1^k(t)$、…、$v_n^k(t)$置信度值的测量方法,那么聚集的方法通过以下公式计算

$$v_1^k(t) = \sum_{i=1}^{n} w_{i,k} v_i^k(t) \tag{3-1}$$

式中,$w_{i,k}$是非消极的权重,并且

$$\sum_{i=1}^{n} w_{i,k} = 1 \tag{3-2}$$

因此,最终决定$st^k(t)$通过关于停车位k和阈值ε的比较获得

$$st^k(t) = \begin{matrix} 1 \ \text{若} v^k(t) \rangle \varepsilon_2 \text{或}(v^k(t) \rangle \varepsilon_1 \text{和} st^k(t-1)=1) \\ 0 \ \text{若} v^k(t) \leq \varepsilon_1 \text{或}(v^k(t) \langle \varepsilon_2 \text{和} st^k(t-1)=0) \end{matrix} \tag{3-3}$$

为了实施一个更为全面的算法，避免无意义的波动，上述决定通过两个层次的阈值 $\varepsilon_1\langle\varepsilon_2$ 进一步改善，并且考虑到之前在时间 $t-1$ 内获得停车位的状态。

权重 $w_{i,j}$ 被启发式地决定视觉传感器网络(VSN)的每一个物理配置，而阈值 ε_1、ε_2 被设定为对所有节点、传感器和停车位均适用的常数值。

五、传感器节点的原型

本节展示基于视觉传感器网络(VSN)概念的传感器节点原型的设计和开发。这个原型尤其适合于城市场景。特别是原型是一个传感器节点，该节点具有完成计算机视觉任务的足够计算能力，这种设想应用在城市场景视觉任务在之前的章节描述过。通过一个基于事件的部署中间件，原型在联网板上已经完成，以便它被包括在传感器网络内，以及调度和接收数据。最终，一个实现保持节点自治的能量收集块被涵盖在内。

接下来给出原型实现的概述，以实施原型的框架的描述为开端，其次是单个硬件组件的特征，分别是示例板、联网板、获得的传感器的特性和能量收集块。此后，展示设计和实施板的布局。

为了设计这个原型，随后的一个重要的问题是低成本技术的使用。特别地，节点使用低成本的传感器和电子元件，以便一旦改造，该装置能够低成本大批量制造。在设计和规划方面，一个重要的问题是通过轻松地安装设备表示的；因此，已经考虑用于传感器节点的保护罩是紧凑的，但能够容纳该装置的所有部件。详细地说，单个传感器节点被划分为两个主要部分：配备有摄像头传感器和用于图像分析逻辑的视觉板和连接无线通信模块(RF收发器)的联网板。

它们分别具有以下任务：

(1)获取和处理图像。

(2)控制装置以协调场景所有信息的传输过程。

传感器节点的其他部件是由控制充电的电源供给系统和最佳节能政策的选择给出的。电源供给系统包括电池组和用于收集能量的模块，例如，通过光电板。

（一）视觉板

为实现视觉板，嵌入式Linux架构在设计阶段已经被选择用于提供足够的计算能力和轻松的编程环境。选择现成的基于原型板的Linux在计算能力、灵活性/可扩展性、性价比和支持方面已经被评估。例如，下面的Raspberry Pi Model B(ARM11、700 MHz)、Phidget SBC(ARM9, 400 MHz)和BeagleBone-TI Sitara AM3359(Cortex A8, 720 MHz)。

所有这些候选系统都有普遍的缺点，即高能耗和对未知任务没有益处的电子零件的出现。

因此，通过设计、印制和生产一个新的印制电路板(PCB)，设计和实现一个定制的视觉组分已经被决定。为了使其使用的灵活性最大,同时最大限度地提高性能/功耗比,新型PCB必须重新设计。一个很好的平衡通过使用基于ARM框架的飞思卡尔CPU,与MMU-like操作系统GNU/Linux的支持已经被实现。

这种架构除了众多的外设接口具有整合电源管理单元(PMU)的优势,从而最大限度地降低了电路板的复杂性。同样地,TQFP128型号的CPU包帮助我们将布局的复杂性降到最低,因为使用多层PCB技术进行路由是没有必要的,因此,可在少数情况下印制电路板。这种选择有助于降低开发成本。实际上,CPU只需要一个外部SDRAM、一个24 MHz的石英振荡器和用于PMU的电感。在最高速度(454 MHz)测定条件下,它具有小于500 mW的平均消耗。

该系统包括一个型号为LM2576的板上降压调节器,该调节器的高效率确保了6~25 V范围内的电压,使得电池供电系统更理想,尤其是锂电池(7.2 V包)和铅酸电池(6 V、12 V、24 V包)。

视觉板具有包含用于和网络板、SPI、I2C和USB通信的RS232串行端口在内的多种通信接口。

多亏了GNU/Linux操作系统,软件开发依靠已经与主板连接装置的接口可用的设备库得到部分缓解。例如,没有必要知道特定硬件摄像头的特征属性,但是与标准的UVC(USB视频族)兼容是足够的;通过UVCAPI,那么配置所有可用的参数是可能的。

（二）联网板

为实现联网板,已经决定使用基于32位架构的微控制器设备。对于无线通信,符合IEEE 802.15.4的收发器已经被要求,还要和解决IoT的现代方法相一致。至于软件部分,已经决定采用Contiki作为操作系统。Contiki提供能够处理IPv6网络的IPv6协议栈。IPv6栈还包括用于IEEE 802.15.4链接的6LoWPAN报头压缩和适配层。因此,操作系统能够很好地支持基于事件的VSN中间件。市场上对可用板的分析已经表明存在满足上述所有要求的设备。特别地,已经选择Evidence SEED-EYEboard,它是特别适合用于实现低成本的多媒体WSN。

（三）传感器

对于视觉板上的摄像头的集成,一些具体的要求在设计阶段被定义,通过它提供连接的难易程度以及和板本身与管理的连接,而且能够在艰难的可视化条件下(例如夜视)至少具有最低的性能。因此,最小的制约因素是符合USB视频族装置(UVC)和删除IR滤波器的可能性或获取NearIR的能力。不仅如此,选择低成本设备是考虑到整个传感器节点原型的隐性要求。在一系列UVC兼容设备中,易于购买且价格便宜的摄像头是被选择的TRUST SpotLight Webcam。此外,该摄像头配备IR滤波器,用来减少来自IR光源的噪声,甚至是对于我们获得图像光强较弱的情况下的意图也是容易抽取的。

（四）能源收集和存储

前面介绍的电路板和摄像头被安置在IP66防护罩中。节点的另一重要组分是电源供应和能源收集系统，能源收集系统控制充电和允许选择最佳能源政策。电源供电系统包括铅(Pb)酸电池组和通过光电板收集能量的模块。为了落实节约能源政策，视觉板也已经被用于测量电池的充电状态。为此，ADC调理模块已被用于电源供电系统的电压级别适应视觉板ADC输出的电压范围。

（五）电路板布局

介绍完所选硬件的主要特征后，本节主要介绍视觉板的布局。建立具有之前所述基本特征的视觉板的确已经要求提供设计示意图，在示意图中分配和组织操作所需的所有模块和组件。

六、应用场景

如今，大多数用于交通监控的可用传感器通常集中在结构化环境中，并基于系留传感器。此外，因为成本效益比是不利的，它们的费用通常阻止了它们用于覆盖大型区域的大量使用。已经提出并开发的嵌入式系统和低成本的摄像头传感器使得以图像数据为中心基于传感器的普适智能系统的设想成为可能。根据这一概念，识别城市区域案例研究的应用场景能够覆盖几种不同情况，它们通常出现在这类区域：交通限制区、生态区、联运节点服务、联运停车场、汽车共享服务、电动汽车充电站。特别地，对于不同场景停车场和交通流的评估已经被建立。对于停车场场景，这一建立包括一系列配备有部分重叠区域的摄像头的VSN节点。我们的目标是观察和判断停车位的可用性和位置。对停车场的几何结构做一个基本假设：每一个摄像头都知道在其监督下的停车位的位置。此外，为了恰当地整合它们的结果，我们假设协调器节点知道停车场的全几何和所涉及的摄像头的校准参数。

对于交通流，建立包含一个更小系列的VSN节点，它们负责观察和估计动态实时交通相关信息，特别是关于交通流和车辆的数量和方向，以及对交通流中的汽车的平均速度给出粗略估计。

第四章 协同式自动驾驶

第一节 网联自动驾驶汽车的感知与控制

我们所说的网联汽车是使用通信技术,比如DSRC和蜂窝网络技术,进行车对外界 (V2X)通信的车辆。美国高速公路安全管理局(NHTSA)对完全自动驾驶汽车的定义是:在 自动驾驶模式下,车辆的运行不需要驾驶员直接控制转向、加速和制动,驾驶员在使用自 动驾驶模式时不需要持续地监视路面。在对部分自动驾驶进行分类时,NHTSA的联邦自 动驾驶政策采用了国际自动机工程师学会(SAE)对车辆自动驾驶水平的定义(表4-1),即 自动驾驶水平的范围从完全由驾驶员控制的无自动驾驶(L0级)到无驾驶员控制的完全自 动驾驶(L5级)共6级。本书所讨论的许多功能都可以通过部分L2级或L3级自动驾驶来 实现,因为它们主要依靠速度和转向的自动控制,而这些控制可以由人类驾驶员监督和 控制。

表4-1 SAE车辆自动驾驶等级(转载自SAE标准J3016)

等级	名称	定义	DDTRQ		DDT	
			持续的横向和纵向车辆运动控制	OEDR	支援	ODD
驾驶员执行部分或全部的 DDT 任务						
0	无自动驾驶	尽管主动安全系统增强,但是整个DDT仍由驾驶员操作	驾驶员	驾驶员	驾驶员	—
1	驾驶辅助	在特定的 ODD 内,系统持续执行横向或纵向运动控制的 DDT(不是同时执行),其余驾驶任务由驾驶员执行	驾驶员和系统	驾驶员	驾驶员	有限制
2	部分自动驾驶	在特定的 ODD 内,系统持续执行横向或纵向运动控制的 DDT,驾驶员完成 OEDR 任务,并监督系统	系统	驾驶员	驾驶员	有限制

续表

等级	名称	定义	DDTRQ		DDT	
			持续的横向和纵向车辆运动控制	OEDR	支援	ODD
ADS 执行整个 DDT（参与时）						
3	有条件自动驾驶	在特定的 ODD 内，ADS 持续执行全部 DDT，在系统发出接管请求或者系统出现故障时，驾驶员需要接管系统并做出响应	系统	系统	驾驶员协助	有限制
4	高度自动驾驶	在特定的 ODD 内，ADS 执行整个 DOT 以及 DDT 的协助，驾驶员不需要响应系统请求	系统	系统	系统	有限制
5	完全自动驾驶	在任何可行驶条件下，ADS 执行整个 DOT 以及 DDT 的协助，无须驾驶员响应请求	系统	系统	系统	无限制

注：DDT动态驾驶任务、OEDR对象和事件检测与响应、ODD设计运行范围、ADS自动驾驶系统。

一、V2X 通信技术

受益于车对外界(V2X)通信技术的通信通道和协议，网联汽车可以与各种实体交换数据和信息，从而提高道路安全、协调交通流并且节约能源。例如，车辆对车辆(V2V)通信技术允许装备该技术的车辆之间交换相互坐标与意图，从而防止碰撞或协调移动。通过车辆对基础设施(V2I)通信技术，实现了车辆与路边单位和基础设施如交通信号灯的通信，使它们能够更好地协同工作。此外，还有其他几种通信技术，包括：车辆对行人(V2P)、车辆对设备(V2D)、车辆对网络(V2N)、车辆对云端(V2C)和车辆对电网(V2G)通信。在本书中，我们主要基于V2V或V2I进行研究。

如今，V2X主要有两种通信技术：无线局域网(WLAN)和蜂窝网络。

在不需要额外通信基础设施的情况下，WLAN技术使得高速行驶的车辆与邻近车辆和路边交通单位之间建立起临时的直接通信通道。目前，一些国家已经为智能交通系统通信分配了频谱，实现了WLAN V2X。例如，美国联邦通信委员会(FCC)自1999年起在5.850~5.925 GHz频谱中设置了75 MHz频段。在欧洲，30 MHz也被指定用于同样的目的。目前，IEEE 1609系列、IEEE 802.11p和SAE J2735构成车载环境下无线通信(WAVE)协议的关键部分。车载环境中高速(最高27 Mbit/s)短距离(最高1000 m)低延迟无线通信的构架、通信模型、管理结构、安全机制和物理接入由IEEE 1609系列标准定义。SAE使用专用短程通信(DSRC)这个术语来表示WAVE技术,其J2735标准集在物理层定义了消息有效载荷。SAEJ 2735通过使用标准化的消息集、数据帧和数据元素,以支持DSRC应用之间的相互操作。

蜂窝V2X(C-V2X)技术最初在第三代合作伙伴计划(3GPP)第14版中被定义为LTE,并被设计为以下几种运行模式:

(1)设备到设备。

(2)设备到信号塔。

设备到设备模式可以直接通信,而不一定需要蜂窝网络的参与。另一方面,设备到信号塔依赖于现有的信号塔、网络资源和调度。设备到设备的直接通信改善了延迟,并支持在没有蜂窝网络覆盖的地区运行。

二、自动驾驶的感知与定位技术

自动驾驶成功的关键在于有效的定位、障碍物检测和感知。车辆不仅需要准确地确定其所在环境和道路的位置,还需要精准地感知周围的环境,如邻近的车辆、行人、穿行的动物、车道标记、交通标志和信号灯、路牌、路缘和路肩、建筑物和树木等,并测量它们的相对距离和速度。对于高度自动驾驶汽车来说,这些可能是最难克服的技术挑战。本节将对目前用于定位和感知的传感器和算法进行简要介绍。

(一)感知与定位传感器

用于感知和定位的车辆传感器,车辆内部的传感器测量其内部状态,如速度、加速度、轮速、偏航、转向角、发动机转速和发动机转矩。里程表、加速度计、惯性测量单元(IMU)和来自控制局域网(CAN)总线的信息用于本体感测,不仅限于自动驾驶汽车,许多现代人类驾驶车辆都依靠它们来实现状态估计和高级控制功能。例如,IMU包含陀螺仪、加速度计(有时包含沿轴的磁力计),与车辆的轮速传感器相结合,可以提供无死角计算能力。由于IMU依靠对加速度的积分来确定位置,容易发生漂移,需要结合GPS(或在车内进行摄像头融合)以实现更精确的定位。

全球导航卫星系统(GNSS)传感器通常也被称为全球定位系统(GPS),已成为现代车辆导航和定位的标准配置,其他区域的GNSS有俄罗斯的GLONASS、欧洲的伽利略和中国的北斗。虽然目前的GNSS可能无法提供自动驾驶汽车定位所需的亚米级精度,但融合GNSS和IMU的滤波算法可以提供更精确的定位。一些自动驾驶汽车功能(如车道确定)所需的厘米级精度水平可能会受益于更精确的定位系统。预计在不久的将来,高精度全球导航卫星系统的成本将降低,并且能够进入大众市场。如今,通过路边基站将GPS读数修正到厘米以内精度的实时动态(RTK)GPS技术已经问世。此外,同步定位与测绘(SLAM)将在后面的定位算法中展开详细讨论,它是许多自动驾驶汽车的开发者用来定位车辆与周围环境的关系的工具。

声呐、雷达、激光雷达(LIDAR)和摄像头等外感性传感器用于感知周围环境和物体,它们的对比详见表4-2。声呐、雷达和激光雷达以声波和电磁波的形式发射能量,并通过测量回波来绘制周围环境的地图(如周围物体的距离),被称为主动式传感器。另一方面,只测量环境中的光/电磁波而不发射能量的光摄像头和红外摄像头被称为被动传感器。

表4-2 不同外感性传感器技术在自动驾驶中的对比

	声呐	雷达	激光雷达	单目摄像头
感知能量	声波	毫米波	600~1000 nm 波激光信号	可见光
范围 /m	2~5	0.15~250	2~100	250
车辆识别与其他对象识别	追踪	追踪	空间分割,运动	外观,运动
分辨率	-	0	+	+ +
视野	-	+(短程雷达)-(长程雷达)	+ +	+ +
距离测量	- -	+ +	+	-
恶劣天气下的工作	+ +	+ +	0	- -
低亮度表现	+ +	+ +	+ +	- -
其他挑战	分类差,范围小,分辨率低	分类差,行人识别差,静态对象检测差,易受干扰	与视觉相比,分类较差。对高反射物体有障碍	计算成本高
成本 / 美元	50	50~200	7000~70000	100~200

注: + +代表非常好; +代表好; 0代表一般; -代表差; - -代表非常差。

声呐能够测量与附近物体的距离,但范围非常有限(<2 m)并且角度分辨率低。雷达通过发射无线电波来测量移动物体的距离和速度,范围比声呐大得多,但在分类、行人探测和静止物体探测方面功能较弱。此外,雷达还可能受到其他雷达的干扰产生误报。激光雷达的工作原理与雷达类似,但依靠红外光(激光)代替无线电波。激光雷达可以发射超出可见光谱波长的激光,扫描频率为10~15 Hz。激光雷达通过每秒发射数百万个脉冲,实现高分辨率、大视场和创建周围环境三维点云的能力,已经成为大多数自动驾驶汽车开发商的重要传感器。然而,激光雷达不能直接测量速度,对高反射物体的检测可能有困难,并且在雾、雨或雪中的性能也会下降。为了将三维原始数据转换成分类对象,需要对数据

进行分割、分类，有时还需要利用时间积分算法。虽然激光发射探测技术并不新鲜，但直到2005年，Velodyne才将64个旋转激光器紧凑封装在一起，并将其用于自动驾驶所需的360°探测。从此，激光雷达技术几乎被所有自动驾驶汽车的研究团队所采用。不过，目前的激光雷达在设计上仍然无法承受开放道路驾驶下的恶劣条件。雷达和激光雷达在探测非常近的物体($< 2 \ m$)方面也都很弱，而声呐在这方面表现良好。

摄像头提供了高视野和高分辨率，可以捕捉到激光雷达无法捕捉到的信息，如颜色和纹理，有助于物体分类。然而，单目摄像头在视觉测量深度方面比较困难，可以通过双目摄像头提供立体视觉来克服。在计算方面，摄像头对视觉的要求比激光雷达更高。将二维图像转换为对环境的三维理解，需要计算量大的软件和机器学习算法。此外，摄像头视觉对光照条件很敏感，在恶劣天气下其性能会下降。

接下来将简要讨论感知和定位方面的算法。

（二）感知与定位算法

考虑到外部传感器(特别是摄像头和激光雷达)的优缺点，通常会同时使用这两种传感器并依靠滤波和数据融合算法来提高精度和鲁棒性。在使用两个传感器时，测量误差协方差总是小于每个单独的传感器所达到的误差协方差。因此，通过融合两个廉价传感器的数据来达到接近于单个高端传感器的精度是有意义的。V2X通信技术可以提供来自其他车辆和路边设施的信息，以实现更高精度的感知和定位。

1.感知算法

感知算法可以依赖摄像头数据的视觉，或者依赖于捕获物体表面的大量点(也称为点云)的主动传感器。摄像头和主动传感器共同使用，可以更精确地检测和感知周围环境和物体(如车辆、行人、动物、路边)。尽管有成熟的机器视觉和统计学习与分类算法来解析嵌入在图像或点云中的信息，但深度学习和人工智能技术的最新进展为实时的目标检测提供了新的监督学习方法。训练数据集的快速增长、计算能力的提高、更低成本的存储以及广泛可用的开源算法正在带来革命性的进步。例如，文献提出的一种基于卷积神经网络的开源实时物体检测算法，该算法具有每秒处理45~150帧的能力，用边界框标注物体，并给每个物体分配一个置信度分数。

在自动驾驶中，提出了三种感知模型：

(1)中介感知。

(2)行为反射感知。

(3)直接感知。

在更常见的中介感知中，首先使用机器视觉或深度学习算法提取到与车辆周围相关对象(包括其他车辆、行人、树木和道路标记)的详细地图和距离。然后，规划和控制算法将使用该地图来规划车辆的运动,同时考虑道路、静止和动态障碍物施加的约束。行为反射感知算法则不同,它利用人工智能构建了一个从感觉输入到驾驶动作的直接映射,从而绕过了定位、路径规划、决策和控制等中间层。虽然降低了复杂度,但这种端到端的解决方案缺乏透明度、无法了解全局并且在训练中可能出现问题。例如,文献表明当将监督学习应用于局部指数稳定控制器的训练集时,可能会失去稳定性。文献中提出的直接感知方法旨在实现前两种方法之间的平衡。它们将图像抽象为一组选定的、有意义的道路情况指标,如车辆相对于道路的角度、与车道标线的距离、与当前车道和相邻车道车辆的距离等。相较于中介感知方法,该方法产生的结果要简洁得多,并且仅包含文献所简化的与规划层和控制层最相关的信息。

2.预测

尽管感知本身是一个重要且富有挑战的工作,但基于当前和历史的感知信息预测邻近车辆或行人的运动对于CAV规划来说同样重要,同时也是一个有待解决的难题。我们在预测汽车跟随的背景下讨论了相关的预测文献,其中概率预测是预测前车纵向运动的共同主题。也有一些其他的例子,如文献中假设恒定的速度,文献中假设与速度相关的加速度,文献中使用变分混合模型进行水平面的概率轨迹预测,文献中使用高斯混合模型,文献中使用分类和粒子过滤。这些预测方法大多针对1~3 s的预测窗口,这可能是有限的。V2X通信技术的出现,为接收邻近车辆和附近交通管制员的未来意图提供了机会,从而能够更准确地预测更长的时间范围。

3.定位与地图创建

CAV需要相当精确的定位,不仅是为了导航,也是为了确定相对于其他(连接的)车辆在道路和车道内的定位,以及使用地图信息,如交通信号灯的位置、上山、弯道、动态拥堵尾部等。虽然定位与地图创建是室内机器人导航领域中的常见课题,并且存在成熟的算法,但室外、动态变化和高速道路环境对CAV的定位提出了更大的挑战。

融合GPS、IMU和车轮里程表读数,可以在确定车辆在道路上的位置时提供米级的精度。此外,由GPS确定的原始坐标可能与车辆预计在道路上行驶的实际中的逻辑模型不匹配。通常采用成熟的地图匹配方法,将原始GPS记录修正到道路上的逻辑位置。修正后的GPS数据可以通过扩展卡尔曼滤波(EKF)方法与IMU和里程测量读数进行融合,但是这些方法依赖于车辆运动学或动力学模型。由于IMU读数容易漂移,因此难以准确确定车辆航向。

在高楼林立的城市环境中,由于GPS信号的丢失,会对依赖GPS导航的算法提出新的挑战。同时,自动驾驶汽车的控制可能需要厘米级的位置精度,而传统的GPS/IMU融合无法提供这种精度。虽然实时运动的GPS提供了很高的定位精度,但其依赖于额外的路边设施，以至于它无法在现在的道路上实现。为了克服这一困难，许多自动驾驶汽车都依赖于先验测绘的道路，如Waymo和Uber。测绘车在感兴趣的道路上行驶，收集与高精度GPS信息相关的详细三维图像或激光雷达数据，并将其处理和存储在大型数据库中。随后的CAV通过其传感器读数与先验地图的比较，并借助固定物体对其位置进行三角测量，从而进行定位。此外，CAV可以更容易地区分先验地图中没有的动态物体，一个早期的成功案例可以从文献中找到。只要地图上的道路保持不变，这种方法就可以继续使用。但是，建筑区、车道标记或道路几何形状的变化可能会使这些地图部分内容失效。

以上问题可以通过高清(HD)地图来解决，即根据行驶过这些路的CAV传输最新的测量数据至云端并动态地更新先验地图。例如，由宝马、HERE和Mobileye组成的联盟旨在依靠HERE、宝马网联车队和Mobileye REM技术的精准先验地图，将检测到的与先验地图相关的变化传送到云服务器上更新地图，从而实现高清地图的众包。然后，动态更新的地图就可以通过HERE服务器实时访问网联车队。

在这种情况下，当车辆必须同时定位和绘制环境地图时，同时定位和建图(SLAM)就出现了，这显然比仅定位或仅建图更困难。在结构良好、光线充足的环境中，SLAM在室内机器人导航中已经很成熟。由于可变光照、较少结构化的道路环境和更快的速度，SLAM对于自动驾驶汽车更具挑战性。

（三）网络服务

网联汽车可以查询基于网络的应用编程接口(API)来实时检索地图、交通拥堵和天气信息。例如，基于云端的谷歌地图平台提供了多个API，用于实时检索地图、海拔、交通状况、方向、行驶时间、距离以及地点。HERE API也提供了类似的服务。Inrix提供了一个道路通行和停车的API。气象信息API有多种，如Yahoo Weather API。现在的计算云平台，如亚马逊网络服务(AWS)，为网联和自动驾驶开发人员提供计算和机器学习工具，其想法是将车载计算和数据分析转移到云端。

三、运动规划及控制

一旦自动驾驶汽车根据环境的三维地图进行定位，并确定出周围静止和移动的物体、交通规则、交通控制基础设施和道路几何形状所施加的限制，便可以规划长期和短期运动。然后，该计划通过运动规划层和控制层在纵向和横向上执行。规划层和控制层都可以从V2X通信技术提供的即将到来的道路和交通场景的扩展预览中获益，从而做出更长期的明智决策。

（一）任务规划

在最高的规划层确定路线，例如，最小化行程距离、时间、延迟或能量。道路网络通常被建模为有向图，其边缘权重反映了该路段的行驶成本。然后可以通过优化算法找到最小成本路径,正如文献中所解释的那样,优化算法可以非常有效地执行。对于电动汽车来说,在这个阶段还可以规划对充电站的访问。然后,任务规划层沿所选路线设置航点作为下层运动规划层的目标。

（二）模式规划

可能存在另一个不同的规划层,该层考虑到任务航点、道路规则和交通状况,从而在一组有限的驾驶模式之间进行选择。例如,车辆可以选择车道保持、变道、(自适应)巡航控制、在停车标志处停车或紧急制动。这将是一个有限的模式集,可以在有限状态机框架中或通过决策树来处理。这一层被称为模式规划,在文献中也使用其他术语来描述,如驾驶策略、操纵规划和行为决策。

此外,最佳的协同式自动驾驶可以包括几种模式,如最大加速、恒定速度巡航、滑行和两个停车间隔之间的最大制动。

（三）运动规划

选择驾驶模式后,运动规划层会生成合法、无碰撞、平滑、舒适且高效的车辆纵向和横向运动的路径或轨迹。我们需要将轨迹与路径区分开来,因为路径在车辆的配置空间中,而轨迹同时还具有与时间的关系。如在纵向 s 上,通常速度轨迹 $s(t)$ 的规划考虑了安全性、乘坐舒适性、行驶时间和能源效率,同时考虑了速度限制、交通灯和停车标志、周围车辆、道路曲率和纵向车辆动力学施加的约束。

例如,在巡航控制(CC)模式下,车辆会跟踪一个恒定的参考速度,而自适应巡航控制(ACC)则会调整速度以保持与前车的安全时间或车头时距。在预测巡航控制(PCC)模式下,速度的调整依赖于V2I通信技术和对未来事件的预测,如道路坡度或交通信号灯阶段和时间的变化。协同自适应巡航控制(CACC)模式依靠V2V通信,实现车辆与相邻车辆之间的协调巡航。在紧急制动模式下,车辆可以实施最大限度地制动以避免碰撞。

变道、并线和避免碰撞需要在二维的 x-y 平面上确定可行的路径,由于在二维空间和非凸驾驶区域中有许多选择,因此该路径十分复杂。此外,由于车辆动力学以及周围车辆运动产生的速度和时间相关的约束,运动规划算法还需规划出这些路径上安全舒适的加速度和速度曲线。因此,运动规划是一个轨迹规划问题。

（四）运动控制

在运动规划层所规划的轨迹或路径,将作为对车辆纵向和横向控制器进行前馈和反馈跟踪的参考。在纵向上,控制加速踏板和制动踏板可调整加速度和速度。横向控制主要依靠转向,有时也依靠差速制动来控制横向加速度、速度和车辆偏航率。

1.纵向控制

在规划层确定参考速度后,可在运动控制层使用经典或现代控制技术,并通过加速器或制动器的执行来跟踪规划的参考速度。例如,标准的固定增益或增益调度的PID型控制器可以作用于加速器和制动器进行速度参考跟踪。为了正确处理执行器的饱和度,必须增加一个积分器抗饱和机制。此外,应当进行逻辑检查,以确保在所有可感知的情况下安全操作。加速和制动模式之间的切换需要小心处理,以保证性能平稳。

例如,文献提出了如下所示的带有附加非线性项的PID型控制器(该方程应在拉普拉斯域中读取)

$$u(s) = k_p e_v + k_i \frac{1}{s}(e_v + \frac{1}{T_0}[u - sat(u)]) + k_d \frac{\hat{o}_d s}{\frac{1}{N}\hat{o}_d s + 1} e_v + k_q e_v |e_v| \tag{4-1}$$

式中,s 为拉普拉斯变量;u 为命令加速或制动;e_v 为速度跟踪误差;k_p、k_i、k_d 分别为可调比例、积分和微分增益;k_q 为最后一个非线性项的可调增益;$\frac{1}{T_t}[u-sat(u)]$ 为积分器抗饱和项,其中 $sat(u)$ 函数在执行器极限处饱和,T_t 是一个时间常数,决定积分器复位的速度。

由于纯导数项是非因果关系且易产生噪声,因此伪导数项是通过增加一阶滞后来使用的,其中参数 N 决定了对导数项的滤波量。式(4-1)中最后一个非线性项 $k_q e_v |e_v|$ 在文献中被称为二次分量,目的是在限制过冲的同时实现快速跟踪。此外,在文献中通过Lyapunov分析建立了跟踪误差到零的渐进收敛性。

前馈控制和反馈控制的结合可以增强纵向控制回路的响应性。例如,在规划层发出加速度曲线指令时,可以根据踏板到加速和制动到减速的响应映射以及反馈控制器,输出前馈踏板/制动的输入。

在约束控制框架中,可以更系统地处理输入饱和度、车辆状态约束以及加速器与制动执行器之间的切换等问题。对于重型车辆,对货车质量未知的灵敏感也可以通过文献中的自适应控制技术来处理。

2.横向控制

横向控制可通过转向(有时还可采用差速制动)在变道、并线、转弯和侧方位停车等情况下控制车辆。假设在运动规划层中已经确定了合适的参考路径或轨迹。纯追踪控制是移动机器人和自动驾驶汽车进行路径追踪的一种广泛使用的方法,该方法在文献中首次提出并且实施起来相对简单。纯追踪算法有一个选择转向角的简单公式,使后轴以圆弧形转向路径的中心。横向控制方法易于实现,但依赖于车道单点的反馈。为了获得更平滑的性能,车道跟踪问题可以被描述为一个有限时域最优控制问题,并具有车道参考轨迹的全时域预览。最佳转向控制动作不仅是瞬时车辆状态的函数,而且还包括一个集成整个车道预览的前馈项。如文献所示,当车辆模型是线性的,跟踪成本是二次型的,输入和状态是无约束的,就存在这个预览最优控制问题的分析解。对于紧急制动,或者在轮胎处于牵引力极限的湿滑路面上行驶时,必须考虑输入和状态约束。在这种情况下,轨迹跟踪问题可以在模型预测控制框架中用更高保真度的车辆模型来制定,并明确考虑牵引力约束。文献成功地解决了连续模型线性化导致的线性时变(LTV)MPC问题,同时试验结果也证实了实时处理的可行性。

（五）动力总成控制

由于驾驶自动化,信息的连通性和稳定性增加,CAV的动力总成控制模块可以通过编程来利用额外的信息。基于动力系统类型,需要协调多个执行器,如加速、制动、点火、喷油、凸轮相位、废气旁通阀、气门升程、闭缸、SIICEV的变速器、HEV的电池使用以及附属负载的执行器。预期的速度和道路坡度提供了对未来动力需求的估计,这种预期的功率需求可以用来更好地安排挡位的选择、混合动力汽车电池的使用、热负荷管理以及动力系统辅助负荷(如空调负荷)的处理。

动力系统控制器可以从任务规划和模式规划层的长期计划以及运动规划和运动控制层的意图中受益。例如,由于与电池荷电状态相关联,计划好一辆混合动力汽车电池的使用能从长期的任务规划中获益。另一方面,运动规划和控制层的短期决策可能有利于具有较快动态的功能,如预期换挡、燃料切断、发动机起/停和闭缸。

（六）规划与控制算法

规划与控制的研究和应用主要有两类方法。第一类方法是由机器人技术和计算机科学技术主导的(无模型)学习方法,利用丰富的训练数据以及深度学习和强化学习算法模仿人类驾驶员。第二类方法由自动控制领域率先采用(基于模型的)最优控制框架进行规划,旨在最小化运动的数学成本(时间、不舒适性、能量、风险等),同时考虑到所有的运动约束。例如,在变道的强化学习方法中,运动规划层逐渐学习一个最大化累积奖励函数的变道策略。该策略定义了在给定道路和相邻车辆的状态下应采取的行动,并将奖励与成功变道相关联,并因碰撞而受到处罚。该算法在现实模拟或真实环境中经历试错过程,直到得到"充分"训练,然后在实际驾驶中运用所学到的策略。

从训练场景中学习的另一种选择是优化控制,它依赖于车辆及其周围环境的模型、精心设计的目标函数,以及具有良好表征的运动约束,然后通过求解动态约束优化问题来确定规划。例如,在车道选择的最优控制方法中,目标可以是达到偏离期望速度和偏离期望车道之间的折中。将预测的周围车辆路径作为运动约束条件,自行车模型可以在候选输入序列下近似于自主车辆的运动。

最优控制与规划问题的闭式分析解很少存在,精确的数值解往往是不可预测的,并且在多项式内是不可解的。但通常可以找到简化问题的近似方法。例如,离散化、模型和约束的线性化以及使用二次成本是常见的,它将最优控制问题简化为存在计算效率的解决方法的二次规划,并使其能够实时执行。在模型预测控制(MPC)中,利用车辆当前状态的反馈在每个优化阶段更新控制策略,从而在逐渐缩小的时间或空间范围内解决规划问题。

优化规划问题的数值方法可分为变分法、图搜索法和增量搜索法。在此分类下,庞德里亚金极小值原理(PMP)是一种变分法,利用变分微积分将最优控制问题简化为两点边界值问题。PMP是基于对最优性的必要条件和充分条件的分析构建,然后对这些条件进行离散化与数值求解,被认为是一种间接方法。另一方面,直接方法则是将状态和控制轨迹进行离散化,将最优控制问题转化为非线性规划,再利用优化算法进行求解。此外,伪谱最优控制方法属于直接变分方法。

在图搜索法中,配置空间被离散化,并通过由顶点和边组成的图来表示,然后探索该图的最小成本的运动轨迹。DijSktra、A*及其变体、动态规划(DP)都属于图搜索法。

常用的一种增量搜索法是快速扩展随机树(RRT)算法,该算法旨在通过在车辆可到达集合中随机生长空间填充树来有效地搜索非凸高维空间。RRT算法适用于有障碍物和微分约束的问题,因此被广泛应用于机器人运动规划中。

启发式方法,如蚁群优化和粒子群优化也已被用于自主代理和机器人的路径规划。

第二节　协同式自动驾驶

实现节能驾驶方式是协同式自动驾驶技术的目标。遵循这些技术的驾驶员显然受到了可实现的节能激励。驾驶员可借助先进驾驶辅助系统(ADAS)来计算节能速度曲线。随着CAV的出现,与单纯的人为驾驶相比,协同式自动驾驶将更容易实现。

一、协同式自动驾驶技术

在协同式自动驾驶技术中,经常列出的是一般的常识性做法,如车辆的机械维护(轮胎充气压力、车轮校准、发动机润滑等)、减少运输质量、去除增加空气阻力的不必要设备,以及减少辅助负载(空调、供暖)。不过,本节只考虑了作用于驾驶风格的协同式自动驾驶技术,即作用于车辆的速度和加速度的技术。

(一)协同式自动驾驶场景

可以作为协同式自动驾驶目标的包括但不限于以下几个驾驶场景:

(1)加速到巡航速度:从给定速度 v_i 开始,在自由时间 t_f 内,达到目标速度 $v_f > v_i$,行驶自由距离 s_f,使单位距离的能耗最小化。

(2)减速到停车:从给定速度 v_i 开始,在规定或自由时间 t_f 内行驶距离 s_f 减速至 $v_f = 0$。

(3)在两站之间行驶:从 $v_i = 0$ 开始到 $t_f = 0$ 结束的时间内,行驶一段距离 s_f。

(4)"节能性接近"信号灯路口:从给定速度 v_i 开始,以自由通行速度 v_f 结束,在绿灯时间窗口 t_f 内行驶一段距离 s_f。

(5)"绿灯波动":与场景(4)相同,但对序列里的多个交通灯依次重复。

(6)市区出行:场景(1)~(5)的组合。

(7)高速公路出行:在有速度限制、海拔变化和车道变化(或并线)的情况下,通过最小化给定的能耗和出行时间之间的折中,在不停车的情况下行驶一段距离 s_f。

(8)巡航:在允许的速度范围内,最小化每段距离的能量,并且使 $v_f = v_i$。

(9)跟车:与场景(6)~(8)相同,此外,与前车要保持安全间距。

(二)协同式自动驾驶规则

也许最简单的"协同式自动驾驶规则"就是保持低速匀速行驶。直观地讲,较低的速度会减少空气阻力和滚动阻力损失,而基本恒定的速度则是为了抑制用于加速的能量,而这些能量通常在减速时不可能完全回收。在定速巡航情况下,单位行驶距离的车轮能耗可以很容易地利用公式求得,显然,速度越低,这种能耗就越低。当然,降低速度通常也会增加行驶一定距离所需的时间,因此必须在能量消耗和行驶时间之间做出折中。例如,如果通过可调系数将行驶时间转换为等效能量消耗,则可将最优巡航速度定义为使单位行驶距离的等效车轮能耗最小时的速度。

$$v_{\alpha,opt} = \arg_v \min(C_0 + C_1 v + C_2 v^2 + \frac{\beta}{v}) \tag{4-2}$$

即一般为正速度水平。例如,使用数值 $C_0 = 162$、$C_1 = 0$、$C_2 = 0.410$,最优巡航速度则为$(\beta / C_2)1/3$,即 $\beta = 10^3$ 时为 38 km/h、$\beta = 5 \times 10^3$ 时为 66 km/h、$\beta = 10^4$ 时为 83 km/h。

从另一个角度来看,最优巡航速度也可定义为使"油箱"能量消耗最小的速度,而不是单位行驶距离的车轮能耗。这一概念特别适用于ICE,其中能源消耗进一步取决于传动比,即啮合档位。式(4-2)可改写为

$$(v_{\alpha,opt}, \gamma_{e,\epsilon,opt}) = \arg_{v,\gamma e} \min \left\{ (\frac{k_{e,o}\gamma_e}{r_w} + \frac{k_{e,2}C_0}{\eta_t}) + (\frac{k_{e,1}\gamma^2_e}{r^2_w} + \frac{k_{e,2}C_1}{\eta_t} + \frac{k_{e,3}C_0\gamma_e}{r_w\eta_t}) v + \right.$$

$$(\frac{k_{e,2}C_2}{\eta_t} + \frac{k_{e,3}\gamma_e C_1}{r_w\eta_t} + \frac{k_{e,4}\gamma^2_e C_0}{r^2_w\eta_t}) v^2 + (\frac{k_{e,3}\gamma_e C_2}{r_w\eta_t} + \frac{k_{e,4}\gamma^2_e C_1}{r^2_w\eta_t}) v^3$$

$$\left. + (\frac{k_{e,4}\gamma_e^2 C_2}{r^2_w\eta_t}) v^4 + \frac{\beta}{v} \right\} \tag{4-3}$$

例如,使用上述数值和 $k_{e,1} = 0.0396$、$k_{e,2} = 2.55$、$k_{e,3} = -0.0016$、$k_{e,4} = 2.93 \times 10^{-8}$、$r_w = 0.32$、$\eta_t = 1$、$\gamma_e = 3.5$,得到的最优巡航速度一般低于前一种情况。

式(4-3)表明,通过尽可能降低传动比,即使用最高挡位,可以最小化稳态发动机的油耗。由于在ICEV中,为了使发动机转速处于其允许的范围内,每个挡位只能在一定速度范围内使用,因此实际的最优巡航策略是使用最高挡位可以达到的较低速度。值得注意的是,从纯能量的角度来看,这种换档策略是最优的,但就驾驶性能而言,这种策略通常是不可取的,因为几乎没有留有后备转矩用于超车或紧急状况。在本书的剩余部分,除非另有说明,我们一般不将换挡优化作为协同式自动驾驶的一部分,而应考虑由动力性能所规定的换挡规律。

以上是基于恒定巡航速度的分析。实际上,对于ICE动力系统,在平均速度恒定的情况下,周期性地以高负荷运行发动机,然后关闭发动机,可以比保持恒定的巡航速度产生更低的能耗。这些考虑构成了加速与滑行(P&G)策略的理论基础,该策略经常被作为协同式自动驾驶机制。

定速策略(或P&G策略)只能应用于有限的驾驶场景,如"巡航"或"高速公路出行"场景。当初始和终止(目标)速度不同时,速度不可能是恒定的,必须进行至少一次加速或减速。一般的协同式自动驾驶规则通常建议驾驶员尽可能平稳地加速或减速。然而,最

优加速曲线通常会最大限度地利用动力系统的能力,以便尽快达到巡航速度。

相反,减速需要应用摩擦制动或者依赖于车辆/动力系统制动,即以热能形式耗散能量。即使是采用再生制动(动力系统)的混合动力汽车和电动汽车,也会以热能的形式损失一部分可用能量。因此,最好尽可能避免这些情况。这意味着,当在平坦的道路上减速或停车时,在动力系统不提供任何力的情况下滑行,使用滚动阻力和空气阻力使车辆减速通常更节能。然而,惯性滑行并不总是安全或可取的。因此,滑行往往被动力系统制动或超车所取代。在内燃机车辆中,将发动机与车轮连接,并切断燃油喷射,这相当于使用"发动机制动"。

此外,在没有速度限制的理想场景中,沿着陡峭的道路下坡时,速度在滚动阻力和空气阻力的作用下增加并趋于平衡会更节能。遗憾的是,由于道路速度和前车的限制,这种做法非常不安全,而且往往不切实际。

总之,惯性滑行策略的实施需要对即将到来的减速或下坡进行预测,以便车辆能在合适的时机开始滑行,同时精确地获悉可能缩小的速度限制。

一般而言,高效的协同式自动驾驶策略不能仅仅基于当前的驾驶参数,还必须具有预测性,即必须基于对未来外部条件的估计,如对交通和路径特征的预测。可以通过获悉道路概况以及监测周围车辆和其他道路使用者来获得这些信息。在这方面,车辆通信是实现预测性协同式自动驾驶的一个主要工具。

虽然上述启发式规则通常是直观并且相对容易实现的,但发挥协同式自动驾驶的全部潜力需要一个更严密的框架。如果将协同式自动驾驶视为一个最优控制问题,在该问题中,寻求使给定行程的能耗最小化的驱动命令,则可以实现这一目标。

(三)协同式自动驾驶系统

第(二)中介绍的规则和将从二、开始讨论的最优驾驶曲线,原则上都可以自动实现。虽然这一可能性实际上是为自动驾驶汽车设想的,但目前协同式自动驾驶必须通过人为驾驶的车辆来实现。

协同式自动驾驶培训课程是为驾驶员提供的第一级支持。然而,在评估活动的支持下,人们普遍认为,如果没有在线工具来提醒驾驶员,那么通过培训课程获得的良好实践经验很快就会被遗忘。

因此,在过去的十年内,帮助驾驶员实现协同式自动驾驶的软件工具和系统相继出现。大多数系统都是根据从车辆网络数据中提取的当前驾驶信息向驾驶员提供建议,这些建议包括作为当前速度函数的换挡策略,以及对加速/减速强度的判断。包含基于智能手机加速度传感器的替报等更基本的概念可以在标有"协同式自动驾驶"的移动应用软件中找到。

不同类型的工具使用二、中描述的公式和方法,就能量最优的速度曲线向驾驶员提出建议。这些工具可以提供真实驾驶曲线与最优驾驶曲线(节能性培训)之间的对比,也可以预测要遵循的最优驾驶曲线。

二、协同式自动驾驶的最优控制问题

尽管能量最优驱动可以应用于多种不同的情况,但这些情况可以通过定义一个协同式自动驾驶最优控制问题(ED-OCP)来处理。

(一)问题公式化

一个以(连续)时间为自变量的通用最优控制问题可以表述为:在优化范围$t \in [0, t_f]$中,对于每一时刻t_f,找到使性能指标或目标函数最小化的控制向量$u(t) \in R^m$。

$$J = \Phi(x(t_f), t_f) + \int_0^{t_f} L(x(t), u(t), t)dt \qquad (4-4)$$

式中,L为运行成本;Φ为终端成本。

(1)状态向量$x(t) \in R^n$的一阶动态约束。

$$x(t) = f(x(t), u(t), t), x(0) = x_i \qquad (4-5)$$

(2)控制向量和状态向量(单一)及其组合(混合)的代数约束。

$$g_i(x(t), u(t), t) \leq 0, i = 1, \cdots 、l \qquad (4-6)$$

(3)终端(等式)约束。

$$h(x(t_f)) = 0 \qquad (4-7)$$

(4)内点约束。

$$x(t_{B,j}) = x_{B,j}, j = 1, \cdots, n_B \qquad (4-8)$$

请注意,如果最终时间未被指定且自由,函数Φ可以惩罚最终状态和时间。当应用到最终状态时,它可以被视为一个"软"约束,而不像函数h那样严格要求最终状态收敛到状态空间的一个给定点。在某些情况下,只有q个状态变量在终端时刻是固定的,而其他$n-q$个状态变量通常与终端成本相关。

我们将在下面几节中讨论如何具体化协同式自动驾驶最优控制问题中的t_f、L、Φ、x、u、f、g和h。

1.优化范围

协同式自动驾驶最优控制问题的主要目标是在一定时间和距离范围内最小化燃油或能量消耗。我们将这一范围称为行程。一段所谓的行程可以通过其持续时间或时间范围以及距离和空间范围来定义。

通常,这两个范围是已知的,也就是说,预计在一段时间 t_f 内正好能覆盖行驶距离 s_f。在这种情况下,由于时间是自变量,对 t_f 的强制执行隐含在式(4-3)中,而对 s_f 的强制执行则起到了终端约束的作用。

然而,在某些情况下,不需要指定行程持续时间,而是将其视为自由参数,最小目标函数所对应的最后时间就是问题的解。

2.目标函数

考虑到ED-OCP的能量导向性质,目标函数的一个自然选择是所选时域内的能量消耗。这将导致选择中 $\Phi=0$ 和式(4-3)中的积分项,要么表示动力系统能量 E_p,要么表示油箱能量 E_T。在前一种情况下,运行成本 L 由功率 $F_p v$ 表示。在后一种情况下,ICEV和HEV的运行成本与 P_f(燃油功率)一致,而EV的运行成本与 P_b(电池功率)一致。

如上所述,除能量外,行程时间可以是给定行程距离的最小化问题,或者限制在一个允许的时间范围内。这些需求导致了一个多目标优化问题,该问题可以用数值方法来处理,将行程时间与能量目标函数相连,作为终端成本。

$$\Phi(x,t_f) = \cdots + \beta t_f \tag{4-9}$$

式中,β 为调优参数,β 的变化显著地改变了能量消耗与行程时间的折中关系。

以类似的方式,可以在目标函数的组成部分或终端成本中添加额外项,以惩罚偏离平均参考速度、车辆加速度、换挡次数或其他驾驶性能措施,以及电池老化。

3.控制变量

从前面几节的讨论中可以清楚地看出,如果选择车轮能量作为目标函数,控制向量 $u(t)$ 必须包括力 F_p 和 F_b。

在目标函数是油箱能量的情况下,控制向量可能有额外分量。在ICEV中,燃油消耗由车轮受力和传动比 γ_e 明确定义。然而,后一个量通常不是基于能量的优化目标,而是由动力性考虑因素(如后备转矩)决定的。离合器控制是另一种可能的离散控制,但它可以方便地与齿轮控制输入或发动机控制输入集成。因此,在本书的其余部分,我们必须选择

$$u^{(ICEV)} = \left\{F_p, F_b\right\} \tag{4-10}$$

同样的考虑也适用于EV和HPV,从而导致以下选择

$$u^{(EV)} = \left\{F_p, F_b\right\} \tag{4-11}$$

$$u^{(HPV)} = \left\{F_c, F_b\right\} \tag{4-12}$$

注意,其他变量也可作为控制输入,如加速度、ICEV燃油量或EV电机电压,都可映射

到单源车辆的动力系统力。

相反,在HEV中,必须考虑内部自由度。在并联式HEV中,动力系统力由发动机 $F_{p,e} = uF_p$ 和电动机 $F_{p,m} = (1-u)F_p$ 共同提供,其中转矩分配因子u是内部自由度。因此,ED-OCP的控制向量为

$$u^{(PHEV)} = \left\{ F_{p,e}, F_{p,m}, F_b \right\} \qquad (4-13)$$

在串联式HEV中,u为电池与APU之间的功率分配比,而第二个内部自由度,如APU速度,则采用最优工作线(OOL)方法求解。因此,作为ED-OCP控制变量的u和F_p可以等效地替换为两个功率水平,从而

$$u^{(SHEV)} = \left\{ P_g, P_b, F_b \right\} \qquad (4-14)$$

4.状态动力学

原则上,在表示一个车辆系统时要考虑许多动力学因素,因此也要考虑许多状态变量。然而,遵循准静态建模方法,状态向量的基数一般应限制为2或3。

在单源车辆中,如ICEV与EV,状态向量定义为

$$x^{(ICE,EV)} = \left\{ s, v \right\} \qquad (4-15)$$

速度动力学这里改写为

$$v(t) = \frac{F_p(t)}{m} - \frac{C_2}{2m} v(t)^2 - \frac{C_1}{m} v(t) - \frac{C_0}{m} - g\sin(\alpha(s(t))) - \frac{F_b(t)}{m}, v(0) = v_i \qquad (4-16)$$

简单的位置动力学表示为

$$s(t) = v(t), s(0) = 0 \qquad (4-17)$$

在HEV中,额外的状态变量是电池的荷电状态

$$x^{(ICE, E)} = \left\{ s, v, \xi_b \right\} \qquad (4-18)$$

其动力学

$$\dot{\xi}_b(t) = \frac{P_b(t)}{V_{b0}Q_b}, \xi_b(0) = \xi_0 \qquad (4-19)$$

自行车的最大力是动态变化的,因此必须用状态变量表示

$$x^{(HPV)} = \left\{ s, v, F_{e,\max} \right\} \qquad (4-20)$$

且 $F_{e,\max}(0) = \overline{F}_{e,\max,0}$。

5.控制和状态约束

控制变量和状态变量都受式(4-5)所示类型的不等式约束。控制输入 $F_{p,e}$、$F_{p,m}$、F_c、F_g、P_b 均受物理极限的约束。对于发动机、电动机和骑自行车的人而言,这些极限随速

度变化,由此产生了对函数$h(\cdot)$的状态向量的交叉依赖。除这些限制外,驾驶性能的需求可能被用于进一步约束动力总成的力。式(4-16)定义制动控制输入F_b为正值,通常约束在0和制动系统所能达到的最大制动力$F_{b,\max}$之间。当挡位也被控制时,$\gamma_{\max}(t)$和$\gamma_{\min}(t)$实际上是接合挡位的函数,因此需要将挡位本身作为一个状态变量。

状态变量也受不等式约束。速度通常限定在一个与位置相关的范围内

$$v_{\min}(t,s(t) \leq v(t) \leq v_{\max}(t,s(t) \tag{4-21}$$

其中,$v_{\max}$的数值是几种可能的限制中最严格的,包括位置s处的法定速度限制、平均交通诱导速度、转弯时的安全速度v_{turn}和主观允许的最大速度。变量$v_{\max}(t,s(t)$可以用来描述由交通灯、停车点或交叉路口的中断引起的速度约束。变量$v_{\min}$可以用来表示主观上允许或保证交通流不受严重干扰的最小速度。

另一类状态约束与车辆位置有关

$$s_{\min}(t) \leq s(t) \leq s_{\max}(t) \tag{4-22}$$

其中,$s_{\max}$可能表示一辆不可被超越的头车的存在,$s_{\min}$则表示跟随车辆的存在,跟随车辆的位置显然会随着时间而改变。

当相关时,状态变量$\xi_b(t)$也受限于一个允许的范围$[\xi_{b,\min},\xi_{b,\max}]$,其宽度取决于第2章中描述的电池技术。

6.终端约束

终端约束关系到行程结束时状态变量的值。在某些场景中,终端位置是可以确定的,因为它对应着到最终目的地或到一个特殊的中间位置的距离。但是,在其他情况下,s_f不是特定的(是自由的)。在这种情况下,ED-OCP可以通过应用横向条件或通过对s_f的迭代过程来求解,目的是找到使目标函数最小化的最优值。

同样,终端速度可以是自由的,也可以或多或少地"严格地"限制到一个规定的值v_f。

当考虑HEV时,附加的约束关系到最终的SoC。在不能从外部充电的电量维持型混合动力汽车中,自然的选择是规定最终SoC与初始值相匹配,即$\xi_b(t_f) = \xi_i$。然而,在插电式混合动力汽车中,终端约束则以最小值为目标,即$\xi_b(t_f) = \xi_{b,\min}$,从而使电池在行程结束后能更有效地从电网充电。

7.内部约束条件

通过交通灯、停车点、交叉路口、交通队列或其他典型的城市变换场景,可以沿行程逐点施加速度和位置的等式约束。从形式上看,这些约束是

$$s(t_{B,j}) = s_{B,j}, v(t_{B,j}) = v_{B,j} \tag{4-23}$$

式中,$t_{B,j}$和$s_{B,j}(j=1,\cdots,n_B)$为施加这种约束的时刻和位置,本书其余部分的所有这

种约束标识符被称为"断点"。

内部约束可以直接施加，也可以通过适当地设置状态边界来施加，例如，$v_{\min}(t_{b,f},s_{b,f})=v_{\max}(t_{b,f},s_{b,f})=v_{b,f}$。

当速度和位置是仅有的状态变量(即不包括HEV的情况)，并且两者在每个断点上都是固定的时候，将行程分割为n_B+1个相关的子行程或路段，可作为一种施加内部约束的替代方法。初始的ED-OCP等价于n_B+1个相互独立的OCP，每个OCP都有自己的时空域和初始、终止条件。

$$t_{f,j}=t_{B,j}-t_{B,j-1},s_{f,j}=s_{B,j}-s_{B,j-1},v_{f,j}=v_{i,j+1}=v_{B,j} \tag{4-24}$$

伴随着边界条件$t_{B,0-}=s_{B,0}=0$、$v_{i,1}=v_i$、$t_{f,n_{B+1}}=t_f$、$s_{f,n_B+1}=s_f$和$v_{f,n_B+1}=v_f$。整个行程的能量消耗就是各路段能量消耗的总和。

请注意，路段也可以通过道路特征的改变(如法定速度限制、坡度等)或者由驾驶员或交通导致的事件(如规划停车、交叉路口、交通灯或交通队列)来划分整个行程。在下文中，除非另有说明，如用于HEV，我们将考虑两个断点之间单一路段的ED-OCP。

（二）求解方法

式(4-3)~式(4-6)所示类型的问题可以使用各种数值方法求解。其中，动态规划(DP)和庞德里亚金极小值原理(PMP)是使用最多的方法。本节将简要介绍这两种求解方法。

1.庞德里亚金极小值原理

该方法是基于哈密顿函数的定义求解，哈密顿函数的形式为

$$H(x,u,t)=L(x,u,t)+\lambda f(x,u,t) \tag{4-25}$$

式中，$\lambda\in R^n$为协态向量，与状态向量有相同的维度n。

如果没有状态约束，则控制轨迹$u(t)$ $t\in[0,t_f]$的最优性必要条件包括。

(1)状态动力学。

$$\dot{x}(t)=\frac{\partial H}{\partial\lambda}(x(t),u(t),t) \tag{4-26}$$

(2)边界条件。

$$x(0)=x_i,x_j(t_f)=x_{j,f},j=1,\cdots,q \tag{4-27}$$

(3)协态动力学(欧拉方程)。

$$\dot{\lambda}(t)=-\frac{\partial H}{\partial x} \tag{4-28}$$

(4)横向条件。

$$\lambda_j(t_f) = \begin{cases} free & j=1,\cdots,\ q \\ \dfrac{\partial \Phi}{\partial x_j} & j=q+1,\cdots,\ n \end{cases}$$

(4-29)

(5)最小值原理的哈密顿函数最小化条件。

$$u(t) = \arg\min_{u \in U(x,t)} H(x(t)\ u,t)$$

(4-30)

由于初始时刻定义n个边界条件,终止时刻定义其余n个边界条件,因此$2n$维耦合微分方程系统形成了一个两点边界值问题(TPBVP)。在终止时刻边界条件中,g是状态变量,其余的$n-q$是协态变量。这种情况使得TPBVP往往难以解决。

此外,采用PMP很难处理约束式(4-5)。当问题中出现形式为$g(x(t),t) \leq 0$的纯状态约束时,可采用间接邻接法。考虑$\ell = 1$(只有一个约束)的情况。如果$g(x(t),t)$是第P阶的,也就是说,它对时间微分P次,直到控制变量u显式地出现,那么$g(p)(x(t),u(t),t)$项以η乘子与哈密顿函数相加,形成拉格朗日函数

$$\angle(x(t),u(t),t) \underset{=}{\Delta} H(x(t),u(t),t) + \eta g^{(p)}(x(t),u(t),t)$$

(4-31)

在这种情况下,控制轨迹优化的必要条件仍然是式(4-26)~式(4-30),用拉格朗日函数代替哈密顿函数以及状态约束成为有效的跳跃条件(进入或接触时间)。

$$\lambda(\tau^-) = \lambda(\tau^+) + \sum_{j=0}^{p-1} \pi_j \frac{\partial g^{(j)}}{\partial x}(x(\tau),\tau)$$

(4-32)

$$H(\tau^-) = H(\tau^+) + \sum_{j=0}^{p-1} \pi_j \frac{\partial g^{(j)}}{\partial t}(x(\tau),\tau)$$

(4-33)

互补松弛条件为

$$\eta(t)g(x(t),t) = 0, (-1)^j \eta^{(j)}(t) \geq 0, j=0,\cdots,\ p$$

(4-34)

$$\pi_j \geq 0, \pi_j g(x(\tau),\tau) = 0, j=0,\cdots,\ p-1$$

(4-35)

对于一阶约束$(p=1)$的特殊而常见的情况,式(4-34)可以简化为$\eta(t)g(x(t)\ t) = 0, \eta(t) \geq 0, \dot\eta(t) \leq 0$,将$\eta(t)$作为额外待确定的未知因素,而式(4-35)只适用于单个未知的乘子π_0。总之,不等式约束还引入了必须确定的附加未知数和附加条件。

因此,只有少数的TPBVP可以以封闭形式求解;通常,必须要进行迭代。最常用的方

法包括搭配法,如Matlab中bvp4c函数的算法和(多种)打靶法。后一种方法的工作原理是迭代初始协态值,并在最后一次检查指定状态的结果值。

2.动态规划

20世纪50年代,Richard Bellman提出了DP算法。从那时起,DP已经被用作设计自变量有限、状态变量和控制输入有约束的系统的最优控制器的工具。作为一种图搜索方法,它可以看作是对第5章提出的Dijkstra算法的推广。

该方法通常基于时间离散化作为自变量、状态空间和控制空间。在式(4-3)~式(4-6)中采用带时间步长的前向欧拉方案,便可简化为无终端成本,则目标函数为

$$J = \sum_{k=1}^{N} L_k(x_{k-1}, u_k)\Delta \tag{4-36}$$

其中 $N\Delta = t_f$,状态方程为

$$x_k = x_{k-1} + f_k(x_{k-1}, u_k)\Delta \tag{4-37}$$

边界条件为

$$x_0 = x_i, h(x_N) = 0 \tag{4-38}$$

如伪代码所示,DP算法使用离散状态空间 $x_k \in X_k$。X_k集随车辆位置状态而变化,以表示与位置相关的速度限制(例如,法定最高速度)或与时间相关的附加速度限制(交通诱导速度限制、信号灯处的通行速度等)。控制空间也被相应离散化 $u_k \in U_k(x_k)$,U_k集随速度状态而变化,通常表示与速度相关的力的限制。在这方面,通过相应地选择这些子集,加强式(4-5)中的状态和控制约束。

这个过程首先初始化成本函数J(x),它表示在时间步长k处从状态x到达允许终端状态的最小成本。在最后时刻,不可行状态的成本是无限的,如 $h(x) \neq 0$ 的任意状态。算法在时间上向后运算,利用贝尔曼最优性原理更新J。

$$J_k(x) = \min_{u \in U_{k+1}(x)} \left\{ L_{k+1}(x,u)\Delta + J_{k+1}(x + f_{k+1}(x,u)\Delta) \right\}, k = 0、\cdots、N \quad 1 \tag{4-39}$$

相应地,反馈函数 $U_k(x)$ 代表在时间步长k时任意状态x的最优控制输入。当对整个时间–状态网格求出这些函数后,算法从初始状态开始向前计算,利用函数J和U来计算控制输入和状态的最优轨迹。

当应用贝尔曼方程时,由状态方程计算 J_{k+1} 项的参数,可能与 X_{k+1} 中的任何离散状态都不匹配,X_{k+1} 中定义了代价函数。因此,此项必须使用最近邻法或插值法逼近。然而,这些方法在计算速度和精度方面各有优缺点,必须谨慎应用。例如,处理不可行终端状态的常用方法是给这些状态分配无限成本,这在使用插值方法时至关重要。

DP算法的另一个问题是"维数灾难",因为计算时间和占用内存随着状态数量呈指数

增长。因此，要尽可能缩小问题的规模。当扰动和约束条件(即函数L、f和g)仅依赖时间和位置之一时，可以简化状态。在前一种情况下(仅为时间相关问题)，除非执行最终状态，位置状态与优化无关。因此，可以从状态向量中删除位置，并通过目标函数中的附加可调项$\beta' \sum_{k=1}^{N} v_{k-1} \Delta$强制执行其最终值。为了确定正确的可调系数$\beta'$，可以使用求根方法来使最终位置误差为零。

取决于位置而不是时间的情况更为常见。这种情况适用于如依赖位置的坡度和速度限制。在这种情况下，位置作为自变量，通过把一个可调的终端成本作为强制执行的终端时间约束，可以更方便地重新表示式(4-36)和式(4-37)。对一个位置步长Δ'，产生收益为

$$J' = \underbrace{\beta \sum_{k=1}^{N'} \frac{\Delta'}{v_{k-1}}}_{t_f} + \sum_{k=1}^{N'} \frac{L_k(x'_{k-1}, u_k)}{v_{k-1}} \Delta' \tag{4-40}$$

其中$N\Delta' = s_f$，并且

$$x'_k = x'_{k-1} + \frac{f_k(x_{k-1}, u_k)}{v_{k-1}} \Delta' \tag{4-41}$$

式中，x'为用时间代替位置后，状态向量的重新表示；下标k为离散位置。

最终位置的约束现在由构造来实现。与前面的情况类似，要确定正确的可调系数β，可以通过求根方法使最终时刻误差为零来得到。

第三节 协同式自动驾驶概念的实现

一、节能性评估

节能性辅助驾驶技术是通过将人类驾驶员的实际速度轨迹与能量最优速度曲线进行比较,对其驾驶风格进行在线评估。比如Geco电动汽车和内燃机节能性辅助驾驶系统,该系统是基于对车速$\hat{v}$的实时记录。测量值可从多个来源获得,包括GPS坐标和车辆通信总线上可用的车载测量值(里程表)。仅依靠基于GPS的测量使该系统不需要车内连接,也能够在移动设备上运行或作为网络服务运行,但由于卫星信号质量的原因,该系统会出现误差。然而,全球导航卫星系统(GNSS)目前的精度被认为足以用于这类应用,预计随着定位精度的预期趋势,精度将进一步提高。除速度外,还需要从GPS和地图数据等中提取曲率$\hat{R}$、坡度$\hat{\alpha}$和法定限速v_{lim}。连续分析速度轨迹以确定何时出现断点。此类识别基于断点的定义,即由道路特性发生变化的位置,或周围交通引起强烈减速或停车的点。

当检测到断点时,定义包含最后两个断点的子行程。对于该子行程,行驶距离、行驶时间和平均速度计算如下

$$t_f^{(i)} = \tau_{i+1} - \tau_i; s_f^{(i)} = \int_{\tau_i}^{\tau_{i+1}} \hat{v}(\tau)d\tau; v_i^{(i)} = \hat{v}(\tau_i) \ v_f^{(i)} = \hat{v}(\tau_{i+1}) \tag{4-42}$$

式中,τ为采样时间;τ_{i+1}为当前时间;τ_i为上一个断点处的时间;$\hat{v}$为实时车速。

这些量构成边界条件$B_i \underset{=}{\Delta} t_f^{(i)}, s_f^{(i)}, v_i^{(i)}, v_f^{(i)}$,而道路参数$C_i \underset{=}{\Delta} \{\alpha^{(i)}, R^{(i)}, v_{lim}^{(i)}\}$由子行程的坡度、曲率和限制速度组成。

然后以B_i和C_i为优化参数进行速度优化。对于电动汽车,更简单的方法是使用抛物线速度曲线,或者,可以通过训练神经网络来评估控制模式的最佳序列及其切换时间来获得最佳速度分布,提供$O_i = \{t_1, \cdots\}$作为输入I_i的函数。

整个过程的最终输出是驾驶员在最后一次子行程中应遵循的最佳速度分布$v_i^*(\tau) \in [\tau_i, \tau_{i+1}]$,在持续时间、距离、初始和最终速度、最大速度等方面的约束条件与实际执行的曲线相同。

最优速度曲线一般通过HMI显示给驾驶员,以使他们了解最佳驾驶操作。此外,该系统还可以提供"经济驾驶"评分,将基于模型的子行程中实际(油箱)能量消耗的估算值与计算出的最优值进行比较。驾驶员可以从这些评分中学习,并使他们的驾驶风格朝着最优的方向发展。

二、预测巡航控制

在本书中,我们采用预测巡航控制(PCC)来表示那些除了跟踪参考速度的标准特性

外,主要集中在路面坡度预测上的巡航控制系统。在本书撰写之时,市场上已有一些系统,特别是针对重型货车的应用。以某种方式(在山顶达到最小速度,在坡底部达到最大速度)考虑了道路坡度的速度概况预测实际上可能与最小能量速度分布一致。

在PCC的典型实例中,GPS信号是一个输入,通过使用存储或检索的3D数字道路地图,PCC估计前方道路的高度分布 $\hat{z}(\sigma)$,其中 $\sigma \in [s, s_f]$,直到选定的区域 s_f。为了限制计算资源,这个区域可能比整个行程要短。然后,使用算法计算最优速度分布 $v^*(\tau)$,其中 $\tau \in [t, t_f]$,通过期望平均速度 v_d 求得与 s_f 相关的(暂时界域)时间 t_f。最优速度基准的第一个值被发送到速度控制器(实际上是传统的巡航控制器),它最终引导车辆的执行器跟踪参考速度,作为测量实际速度的函数。

三、节能性自适应巡航控制

自适应巡航控制(ACC)是可以自动调整车速,与前方车辆保持安全间距的巡航控制系统。除了简单PI控制方案外,ACC原则上可通过在每个时间点上求解一个最优控制问题来使与安全相关的实现成本最小化。这些被称为节能性自适应巡航控制(Eco-ACC)的系统使用与能源效率相关的成本,其名称也由此而来。

Eco-ACC系统的概念与PCC在整个行程或长路段开始时执行单一优化不同,Eco-ACC系统在预测或前瞻视野的每个时间步长执行新的优化。

通常,在Eco-ACC系统包含滚动时域的示例中,预测范围&是固定的。在这个范围内,必须预测作用于车辆的扰动和约束。为了简单起见,只考虑道路等级和曲率、最高限速和前车,道路参数为。 $C(t) \Delta \{\alpha(s(\tau)), R(s(\tau)), v_{lim}(s(\tau)), s_p(\tau)\}, \tau \in [t, t + t_f]$

预测范围内的道路特征是从存储在系统中或远程访问的详细3D地图中检索出来的。前方车辆(移动或静止的障碍物)的存在及其相对于主车的相对位置和速度,假定是可以通过ADAS传感器检测到的。基于当前的相对速度和车头时距,通过专用算法估计即将到来范围的领先位置 s_p,这种估计是非常关键的,因为它对优化结果的有效性具有很大的影响。此外,V2I通信或摄像头传感器可以提供有关即将到来的红绿灯状态的信息,这也会通过引入附加约束来影响优化过程。

一旦设置了约束条件,就可以在整个预测范围内对主车的速度分布进行优化。成本函数考虑了几个因素:包括与油箱能量相关的基于能量的成本、与前车车头时距相关的安全成本,也可能包括惩罚控制输入变化的调节成本和惩罚偏离期望平均速度的速度平滑成本。优化控制问题(OCP)是由状态方程和控制、速度约束来完成的,可以概括为

$$\min_{u(t)} J = \int_t^{t+t_f} \left[w_1 P_T(v(\tau)\, u(\tau)\, \alpha(s(\tau)))\right] + w_2(s(\tau)-s_p(\tau))^2 +$$
$$w_3(v(\tau)-v_d)^2 + w_4(u(\tau)-u_d)^2 d\tau$$

$$s.t. \begin{cases} \dot{s}(\tau) = v(\tau) \\ \dot{v}(\tau) = f(v(\tau),u(\tau),\alpha(s(\tau))) \\ u_{\min}(v(\tau),\tau) \le u \le u_{\max}(u(\tau),\tau) \\ 0 \le v(\tau) \le \min(v_{\lim}(s(\tau)),v_{turn}(R(s(\tau)))) \end{cases} \tag{4-43}$$

式中，u 为控制向量；u_d 为对应于恒定速度 v_d 巡航下的稳态控制；f 为速度动力学方程即式(4-16)；w 为适时选择的权重因子。

该优化块的输出是整个范围 $v^*(\tau)\ \tau \in [t,t+t_f]$ 的最佳速度分布。

最后，该速度曲线可以通过人机界面(HMI)告知驾驶员，或在自动速度控制器的作用下通过车辆控制器直接实现。主车的实际位置和速度作为边界条件的更新输入，在每个时间步长执行新的迭代。

四、预测型节能驾驶

Eco-ACC概念并不是节能驾驶技术的最普遍体现，特别是在城市驾驶中，必须用基于预测断点检测的"收缩"范围区域代替滚动固定区域。此外，用于跟踪的参考速度可能不一定可用，在大多数情况下，速度必须充分优化。

预测型节能驾驶技术概念流程与Eco-ACC系统类似，该方法本质上是迭代的，在整个预测范围内的每一个时间步长都执行一个新的优化。

通常情况下，该区域被设置为到达下一个基础设施断点(如信号交叉口)的剩余行程，并且由需要经过的距离 $s_f(t)$ 和行程时间 $t_f(t)$ 的估计值来定义。这些信息可以从节能路线系统或直接从实时交通和基础设施数据中获得，它们与初始速度和期望最终速度一起形成边界条件 $B_i \triangleq \{ t_f(t),s_f(t),v_i(t),v_f(t) \}$ 进行优化。

其他必须预测的因素是定义区域内作用在车辆上的干扰和约束。道路参数 $C(t) \triangleq \{ \alpha(s(\tau)),R(s(\tau)),v_{max}(\tau),s_p(\tau) \},\tau \in [t,t+t_f(t)]$ 可获得与Eco-ACC方法类似的结果。

一旦设定了边界条件、前车和基础设施约束，就可以在整个区域上对主车的速度分布进行优化。要解决的OCP可以改写为适用于ICEV和EV的形式。

$$\min_{u(t)} J = \int_{\tau=t}^{t+t_f(t)} P_T(v(\tau),u(\tau),\alpha(s(\tau)))d_\tau$$

$$
s.t.\begin{cases}
\dot{s}(\tau) = v(\tau) \\
\dot{v}(\tau) = f(v(\tau), u(\tau), \alpha(s(\tau))) \\
v(t) \underset{=}{\Delta} v_i(t) \\
v(t + t_f(t)) = v_f(t) \\
s(t) = 0 \\
s(t + t_f(t)) = s_f(t) \\
u_{\min}(v(\tau), \tau) \leq u \leq u_{\max}(u(\tau), \tau) \\
0 \leq v(\tau) \leq \min(v_{\lim}(s(\tau)), v_{turn}(R(s(\tau)))) \\
0 \leq s(\tau) \leq s_p(\tau)
\end{cases}
\tag{4-44}
$$

式中，u 为控制向量；f 为速度动力学方程即式(4-16)。

对于混合动力汽车而言，必须另外考虑荷电状态 ξ_b 的动力学以及附加边界条件 $\xi_b(t + f_f(t) = \xi_f$。变量 ξ_f 并不是先验的，它是整个行程中SoC轨迹优化的结果，而不只是一个子行程的结果，然而，它可以用启发式方程来近似表示。总体来说，优化块的输出是整个区域 $v^*(\tau)\ \tau \in [t, t + t_f]$ 的最优速度分布。

与Eco-ACC系统类似，最优速度曲线可通过HMI告知驾驶员，或在自动速度控制器的情况下通过车辆控制器直接实现。主车的实际位置和速度作为反馈输入，在每个时间步长对边界条件进行更新迭代。

第四节　车载应用

前面几节介绍的概念的有效实施需要一些技术安排。本节将讨论人机界面的人机工程学,其目的是向驾驶员提供有关经济驾驶实践的建议,以及他们对这些建议的反应。

一、人机交互

前面各节和各章所述的节能系统必须辅以人机界面,以便与驾驶员进行交流。如上文所述,经济驾驶辅助人机界面的作用是有效地评估驾驶员在行程中或行程后的行为,而经济驾驶人机界面的作用是告知驾驶员应遵循的速度,以及可能采取的其他行动。此外,经济路径人机界面还可以为驾驶员提供路线建议。

驾驶员辅助系统的主要类型有以下几种:

(1)视觉界面。

(2)视觉—听觉辅助系统。

(3)触觉辅助系统。

(一)视觉和听觉辅助系统

视觉和视觉—听觉辅助系统是基于专用的车载多模态显示器或个人移动设备(智能手机、平板计算机)。系统架构可包括多个标签,与不同的功能或不同的驾驶阶段(例如,行程前经济路线、行程中经济驾驶、行程后经济驾驶辅助)有关。

经济路线的输出通常与当前的导航系统类似,用户通过输入实际地址或单击地图确定出发地和目的地,并可能提供出发时间(如果不是自动检测)。然后,系统会在地图上显示计算出的经济路线。与标准路线选择(通常是最快和最短的路线)相比,预测的行程能耗、持续时间和距离等信息对驾驶员也很有用。

节能性辅助驾驶人机界面会在行程中或行程后使用间接或直接的分数为用户提供关于其驾驶风格的有效反馈。通常,间接分数是指当车速与最佳速度不同时的时间段比值。另一方面,通过比较子行程期间实际(油箱)消耗的能量 E_T 和计算的最佳值 E_T^*,直接得分可以定义为

$$EDS \underset{=}{\Delta} 10 \times (2 - \frac{E_T}{E_T^*}) \tag{4-45}$$

式(4-45)表明当 $E_T = E_T^*$ 时,分数等于10,而如果实际消耗量是最小值的2倍,则得分为零。

分数可以用精确的数值、横条或各种视觉标志来表示。特别是当系统允许计算分析的时候,最近的子行程或整个行程的分数也是非常有用的,例如,所有已保存行程的平均

分数。这可以让驾驶员将其当前的表现与最近的表现进行比较,并对自身的进步有一个印象。这种学习过程可以长期支持驾驶员的节能行为动机。

预测型经济驾驶人机界面因需要诱导驾驶员的期望行为而可能变得更加复杂。它们通常包括几种图标:代表驾驶过程中的不同事件,视觉建议,利用分数或游戏(内在奖励)元素反馈经济驾驶行为的完成情况。

通过将经济驾驶功能计算出的当前速度以数值、类似转速表的图标或横条的形式与实际速度进行比较,可以提供可视化建议。此外,除了精确的计算值之外,推荐的速度还可以方便地可视化为一个范围。二阶信息在踏板行程下所需的变化已被证明比当前速度误差的一阶信息更有效。

除了视觉提示外,经济驾驶辅助界面中还经常呈现即将到来事件的前馈信息(交通灯的距离和可能的状态、交通标志、弯道、环形交叉口等)。

游戏元素在驾驶辅助环境中的应用也越来越流行。这类游戏化界面的目的是促进内在动机的节能行为,这些行为与简单的方法相比更不易改变。根据心理学上关于人的个性和动机的理论——自我决定理论,在开发这类界面时需要考虑的因素包括以下几方面。

(1)外部奖励(如奖品、现金奖励)。

(2)向驾驶员提供有关其经济驾驶行为的积极反馈。

(3)促进社会互动(如通过合作系统)。

可以通过不同难度的挑战向驾驶员提供游戏元素,以使他们在通过关卡时有增强能力的感觉。该领域的研究强调了平衡难度和用户技能的必要性,以避免无聊(当挑战太容易)或沮丧(当挑战太困难)。

设计社交互动功能,让用户与朋友或其他驾驶者分享他们的分数,以实现经济驾驶的共同目标。经济驾驶系统的提供者和地方当局也可以组织用户或团队(朋友、同事)进行竞争性挑战,以促进节能驾驶方式的采用。

(二)触觉辅助系统

在典型的车辆中,施加在加速踏板上的力和产生的踏板凹陷之间有一个比例关系。在触觉系统中,这种关系可以通过增加或减少加速踏板的阻力来改变。变化的力—凹陷曲线以某种方式反映出建议给驾驶员的加速度,并由此得到驾驶员的期望值。

触觉力法要求驾驶员产生一个显著的额外力来增加踏板行程,使其超过由经济驾驶功能计算出的当前瞬间能量效率的最佳值。相反,为了抑制加速不足,对于低于建议的踏板行程,强制将踏板阻力减弱到标准加速踏板的阻力以下,因此比未配备触觉辅助系统的车辆更容易推动。

触觉刚度法通过改变踏板刚度而不是通过力的阶跃变化来阻止过度加速。同样,这种方法能够在提高踏板力能效的情况下,通过降低相对于非触觉标准踏板的阻力来促进车辆的加速。

这两种方法的有效性以及与视觉辅助系统的比较仍是一个争论不休的问题,为数不多的试验结果在某种程度上是矛盾的。

二、驾驶员反馈

节能驾驶辅助系统的有效性不仅取决于算法和所使用的人机界面,而且在很大程度上取决于人类驾驶员对建议的反应和采纳情况。

整个系统的有效性可以通过现场试验、驾驶模拟器或交通模拟来评估。通常情况下,这类测试会选择多名参与者,在几个不同场合完成相同的驾驶场景。这种重复测试的目的是执行或再现,以此来限制外界因素的影响,例如,一周中同一天的条件和当天的出发时间。虽然出于实际原因,往往是专业驾驶员参与此类测试,但应提倡使用未经指导的参与者。

这些测试的结果可以是不同性质的。特别地,人们对人机界面的反应可以通过几种措施来评估。试验活动的参与者填写的调查问卷可以了解用户对界面设计的看法(界面设计的吸引力如何、是否容易理解、感知的可用性)、使用系统时的自我感觉(例如,自我评估焦虑、烦恼、好奇的程度)或关于使用界面对驾驶的影响。

人机工程学中也使用定量指标,如正确反应的成功率和对反馈的反应时间。为了评估使用人机界面所引起的分心程度,经常使用驾驶员眼睛瞟向(注视)界面的持续时间,以及相对于看向前方道路场景的时间等指标。

当然,实际消耗的能量是衡量整个系统效果的最终标准。使用经济驾驶系统的节能效益应该从短期和长期两个方面进行评估,与传统的经济驾驶培训相比,经济驾驶系统的优越性应该更加明显。

三、自动驾驶

通过减轻驾驶员的负担,自动驾驶系统有望大大简化经济驾驶功能的实现。简单规划为将运动规划层确定的经济行驶速度或经济车道发送至较低层前馈和反馈运动控制器,由其控制驱动油门、制动器和转向控制电机。

例如,在预期跟车行驶中,MPC规划器向低层控制器发出加速指令。在一个可能的实施方案中,预先规划的前馈控制器可以将加速度指令传递到节气门或制动踏板的位置处,而反馈回路则负责速度跟踪。一个潜在的挑战是规划层使用的简化模型与车辆的实际动态之间的不匹配,这可能导致跟踪性能的下降。在MPC框架中,一个可能的解决方案是在简化模型中增加一个(步进)干扰观测器,从而引入改善跟踪性能的集成模式。需要考虑和解决计算和通信延迟,否则可能会导致跟踪性能不佳或抖动。

在低级控制层也存在挑战。低层控制器的设计不当会降低上层计划的能源收益,甚至可能导致能源使用量增加。例如,过度激进的低级控制器可能会在加速和制动之间引起颤动,以精确地跟踪经济行驶速度。在带有内燃机的车辆中没有适当地考虑到发动机的响应时间,这种情况更易发生。如果车辆采用涡轮增压器或带变矩器的自动变速器,那么情况可能会更糟,这两种装置都会增加车辆响应的额外延迟。在诸如交通信号的经济通行场景中,控制器去调谐是一种选择,但在密集排队的情况下可能不可行。电动汽车由于其电机和传动系统结构更灵敏,在类似情况下可能更容易控制。

控制和感知模块可以按照自己的速度运行,并通过机器人操作系统(ROS)等环境使用发布和订阅功能进行通信。融合了宏观交通规划的高精尖运动规划器可以运行在末梢云端上。在这种情况下,运动规划器和车辆模块之间的通信可以通过专用短程通信(DSRC)和蜂窝通信等通信网络来实现。在所有这些情况下,数据的全局时间标记对于同步来说是比较可取的。此外,在系统设计和实施中还应考虑到潜在的风险,如死锁、时间延迟和数据损失。

第五章 云-边-端协同交通大数据智能
计算及控制技术

交通拥堵治理是世界各城市都面临的治理难题。在中国，8亿城市化人口每天出行约15亿人次，主要大城市每天出行人次超千万。因此，能够全面、客观、准确、及时地把握城市级大规模交通运行规律，对交通拥堵治理具有至关重要的意义。

目前，中国各大城市已初步采集了各类交通大数据，研发了评价分析系统，但如何对各类数据进行有效整合，形成强大的交通计算平台，对交通实时运行状态进行掌控，对长期状态进行研判，是当前大城市交通治理的关键。

第一节　端边协同采集及计算技术

二十一世纪是互联网技术爆发的时代，传输成本大幅降低，数据采集设备高度集成化，运用呈现出中心化和中心云化。近十年，伴随高性能、低功耗的智能传感器技术发展，具备全息感知能力的智能化端设备得到大量部署，端设备数据的广泛运用再次助力云计算的蓬勃发展。

作为分布式计算的一种形态，云计算通过网络将巨大的数据计算处理程序分解成数个子程序，通过服务器群组成的系统进行处理和分析后将结果返回给用户。云计算技术可在数秒内完成对数以万计的数据处理，实现强大的网络云服务。时至今日，云服务逐步呈现出技术融合的多样性，其中包括效用计算、负载均衡、并行计算、网络存储、热备份冗余和虚拟化等计算机技术，并由这些技术混合演进和跃升。

基于云计算的云端采集架构，广泛运用于民用领域，在云端架构中，将分散的端设备所采集到的数据直接传送到云平台进行整合、计算、分析、数据结果输出，云平台做决策判断，云端架构方式有效提高计算资源利用率。

伴随着5G技术的到来，边缘计算应用呈现几何式增长，分布式架构的另一形态，云-边-端架构也得到广泛应用。边缘计算起源于传媒领域，是指在靠近物或数据源头的一侧，采用网络、计算、存储、应用核心能力为一体的开放平台，提供近端计算服务。其应用程序在边缘侧发起，产生更快的网络服务响应，满足行业在实时业务、应用智能、安全与隐私保护等方面的基本需求。

边缘计算与云计算各有所长,云计算擅长全局性、非实时、长周期的大数据处理与分析,能够在长周期维护、业务决策支撑等领域发挥优势;边缘计算更适用局部性、实时、短周期数据的处理与分析,能更好地支撑本地业务的实时智能化决策与执行。因此,边缘计算与云计算间不是替代关系,而是互补协同关系。

边缘计算与云计算通过紧密协同能更好地满足数据协同采集场景需求,放大边缘计算和云计算的应用价值。

具体表现为,边缘计算靠近执行单元,是云端所需高价值数据的采集和初步处理单元,能更好地支撑云端应用;云计算通过大数据分析优化输出的业务规则或模型可以下发到边缘侧,边缘计算基于新的业务规则或模型运行,以此构建云边协同组织的云-边-端采集架构。

基于构建协同感知的数据采集技术要求,实际交通运行体系中连接有大量的终端传感设备,既有云-端架构中,出现诸多弊端,包括原始数据通信带宽的开销无法满足,庞大的数据存储和计算带来巨大的运营费用等,同时智慧交通领域端设备具备很强的时间和位置关联性,这给云平台带来诸多无法解决的问题,需要云计算业务下沉边端,形成边缘计算以及由其组成的分布式数据存储结构,因此云-边-端架构更符合协同采集模式需求。

新一代协同数据采集技术依托云-边-端架构,但也不摈弃云-端采集架构简单直接的优势,以适应智慧交通建设中的多样性需求。通过打通云到边、边到端以及云到端的三重通路,探索出适用于协同数据采集技术的云-边-端采集技术架构。

上述协同采集技术的云-边-端采集架构中,通过智慧交通系统的边缘端分布的各类型传感器感知交通本体,将这些传感器数据汇集到边缘层,通过边缘计算对端设备原始数据进行解析处理,加以耦合性混合识别,将非结构化数据(如交通影像、图片、人车信息、本地气象等)快速结构化,以时间、空间维度建立具有关联关系的结构化数据,并筛选出部分有价值的非结构化数据,通过统一传输链路上传至云平台。依托云端强大的算法及逻辑推理能力,将边缘端所采集的结构化关联特征数据进行清洗、分析,支撑各类型应用,这就是云边端协同采集运行的主要机制。

智慧交通建设中也存在大量分散性的端设备传感器,其中部分端设备存在电力、网络部署的难点,此类端传感设备无法通过有线链路将数据传送至边缘端,其只能通过NB-IoT/4G/5G等物联网络将终端传感数据直接上传云平台,完成云计算服务,这也是协同采集技术云-边-端架构的必要补充部分。

由以上两种链路组成的混合结构,形成的新一代云-边-端协同采集架构,能完美地运用协同数据采集技术。支撑亿万规模数据的传输、存储与运用,可广泛运用于未来智慧交通系统建设。

第二节　多源异构数据接入及存储技术

数据接入需要从不同数据源(结构化数据、非结构化数据)进行指定规则的数据提取作业,抽取后的数据存储支持落地与不落地两大类进行,抽取后的数据可以为数据转换环节进行处理提供输入,也可以直接进行处理或者加载。整个过程包括数据源的采集、数据转换清洗、数据加载、数据导出。

一、离线数据接入

离线数据接入是把不同来源、格式的数据通过ETL过程在物理上整合后进行集中性存放,形成规范的数据存储。

在离线数据集成的过程中,整个流程被切分成不同阶段的处理任务:

(1)数据抽取:将数据从业务系统中抽取出来。

(2)数据转换/清洗:按照预先设计好的规则将抽取得数据进行转换、清洗,以及处理一些冗余、歧义的数据,使本来异构的数据格式能统一起来。

(3)数据质量检查:对来源数据和清洗后的数据进行检查,保证加载后的数据的一致性和正确性。

(4)数据加载:将清洗后的数据加载到数据仓库中。

在ETL过程中,还需要全程自动化。一个完整的ETL过程自动化能对数据从数据源到数据目的地各个处理任务(如抽取、转换、清洗、异常处理、加载等任务)的运行进行有条不紊的组织,使其自动运行下去的一个闭合的处理逻辑。

二、实时数据接入

实时数据流采集是基于消息中间件满足对实时海量数据采集任务,提供高并发量,高可靠性的数据采集服务。系统提供数据装载功能,用户可以通过接口上传、下载数据,支持通过并发的方式来实现高吞吐量的服务,向同一张表的指定分区中写入数据。

(1)数据接入:可以看到当前用户接入任务列表及运行状态,并提供新建及编辑功能。

(2)接入列表:提供实时接入任务状态。

(3)多数据源支持:支持主要数据存储系统的全量快照和增量流式的数据传输、同步、交换。同时支持多种关系数据库和NoSQL的数据导入。

(4)大规模并行数据采集:可根据用户流控制需要自动启动多线程乃至多进程并行传输海量数据、强大的传输引擎。

(5)可靠故障处理和恢复:支持高容错和异常处理的架构,提供故障智能检测、自动传输恢复,屏蔽不可靠的异常因素,保证数据传输的稳定性和健壮性。

(6)提供作业全链路的流量、数据量、脏数据探测和运行时汇报。

实时数据接入部分通常需要具备如下特征：

(1)快速高效使用：通过可视化组件配置，能够快速创建数据平台与数据源之间的数据管道，同时平台内提供代码编辑器，如果遇到复杂的业务，可以通过自定义代码实现，使用简单且可扩展性强。

(2)实时数据报警：在数据流处理的过程中，可自定义设置指标条件规则或者设置错误触发器，当数据达到预期时，自动触发报警，同时报警支持多种方式，如邮件或平台内弹窗报警等方式。

(3)多源多目的地：内置丰富的数据处理组件，如数据源组件、Http Server、MQTT、Hadoop FS等，数据存储组件hdfs、Hive、Hbase等，满足不同场景下的多种数据处理需求。

三、数据治理技术

数据治理平台为数据资源提供集中的数据治理服务，支持元数据管理、数据质量管理、数据资产管理，支持元数据的血缘分析、影响分析和全链分析，支持数据质量的自动检测和告警，形成一套完整的数据自服务解决方案。

数据治理主要包括数据资产管理和数据质量管理模块，提供库表元数据管理、文件管理、数据地图、血缘分析、数据质量稽核等功能。

（一）元数据管理

数据治理系统需要统一的元数据管理和分析能力，包括元数据的统一存储、统一采集、统一监控的功能，元数据可以分为技术元数据及数据元数据。数据治理平台支持OMG Common Warehouse Metamodel(CWM)元数据标准，实现对业务元数据、技术元数据的统一管理和存储。支持从数据采集系统、数据仓库、以及Oracle、SQL Server、MySql、Postgre SQL、hive、hbase等主流数据库中采集元数据、定义元数据采集频率。支持元数据基本信息管理，如元数据的增加、删除、修改、技术元数据支持基于元数据的数据血缘分析、数据影响分析等功能。

（二）数据质量管理

支持可视化数据质量规则定义：提供可视化界面，配置数据的清洗、校验规则。支持数据格式校验、值域校验、数据范围校验、正则表达式校验、空值校验等。

1.质量规则定义

支持质量规则的增、删、改、查操作。支持定义元数据对象的质量规则，如接口质量规则、程序质量规则、数据模型质量规则、指标质量规则，报表质量规则。

稽核对象模板配置是对需要稽核对象的基本信息，包括稽核对象的基础实体配置，稽核所需要的数据实体，对象的稽核结果汇总及详细信息。

2.质量规则附加

支持将质量规则根据相关性附加到各个节点,分别进行不同类别的质量规则检查。平台提供多种质量稽核规则。

数据质量稽核适合场景:

(1)事前质量检查。

①上线前检查。在开发阶段定义好各元数据对象的质量规则,在上线时,调用检查规则对上线的指标进行检查是否满足质量的规则,在一开始规避一些常见的错误。

②源系统变更检查。

A.表结构变更监控。对表中字段的变更、增加、删除时产生的变化进行监控(如BOSS上线对表进行了修改)。能够跟接口程序结合起来,当字段变更时,能够判断出对应接口的对应接口号和对应接口文件哪个字段发生了变更。

B.字段维值监控。字段维值主要将一个表的某个字段的不同值的数量和值的大小与之前的快照进行对比,可发现值的数目或者值的大小的变化情况。

C.业务规则监控。检查逻辑上的合理性,如成为大客户时间必须晚于开户时间,状态在用的号码必须是唯一的。

(2)事中运行监控。

①运行过程监控。对运行过程的对象设置质量规则,在运行过程中及时调用这些规则对运行结果第一时间进行稽核,以及时发现问题。

发现问题后,及时展示监控到的当前告警信息,并将错误信息发送至告警集中管理。

可以对告警进行定位分析、相似问题分析、转问题单或解除(误报的告警信息)。

②业务指标监控和告警。

将指标的管理进行集中化、标准化、管理体系化和检查自动化,并允许用户自定义告警阈值。当稽核任务结束时会自动计算质量得分。如果得分低于阈值则触发告警。

③得分计算规则。通用规则共有4个维度,分别是准确性、及时性、一致性、唯一性。字段类型针对这四个维度的具体规则关系如表5-1所示。

表5-1 字段类型与通用规则四维度规则关系表

	身份证号类	日期类	时间类	采集时间类	入库时间类	其他类
准确性	身份证逻辑校验	日期校验	时间校验	空值校验	空值校验	空值校验
及时性	其他类型校验	其他类型校验	其他类型校验	采集时间校验	数据入库时间校验	其他类型校验
一致性	无	无	时间格式校验	无	无	无
唯一性	字段唯一性	字段唯一性	字段唯一性	字段唯一性	字段唯一性	字段唯一性

A.准确性。

身份证逻辑校验(仅按正则匹配,不按最后一位计算)。

日期校验(按正则匹配)。

时间校验(按正则匹配)。

空值校验(不为空则是100分)。

B.及时性。采集时间校验(一天内有数据得100分,一周内有数据得90分,一月内有数据得80分,1年内有数据得60分,超过一年的得50分)。

数据入库时间校验(一天内有数据得100分,一周内有数据得90分,一月内有数据得80分,1年内有数据得60分,超过一年的得50分)。

其他类型校验(都算0分)。

C.一致性。时间格式校验(支持yyyymmdd Himmss)。

D.唯一性。字段唯一性(唯一100分,不唯一0分)。

稽核结果展示:根据稽核对象模板配置展示展现稽核结果,反映稽核对象的实际质量情况。

问题定位处理:支持针对一个有问题的指标,利用元数据的血缘分析寻找出指标处理路径上的程序、接口节点,根据每个处理过程节点的质量监控检测,发现有问题的处理环节,以帮助快速定位,能帮助运维人员快速处理。

(3)事后归纳总结。

A.支持按周期形成质量分析报告,包括由变更引起的质量问题和影响,以及问题处理的情况等内容。

B.支持针对数据完整性、数据唯一性、数据合法性、编码检查、统计口径形成数据源质量评估报告。

C.支持跨系统数据一致性进行比较核对,包括指标核对、总量核对和分量核对,可以对一致性进行检查,也可以找出问题发生的源头。

四、数据存储技术

大数据基础平台作为基础支撑性平台,实现对数据资源进行全面采集、统一存储、有效管理、深度挖掘和安全管控的目标。包括数据平台本身和数据治理建设两个部分。通过构建数据治理体系和开展数据分析处理,持续提升数据标准、数据内容以及数据质量,实现大数据数据体系化建设。

大数据基础平台在数据治理体系提供清晰的数据接入、存储、计算、导出交换和展示流程处理基础服务。在数据生命周期管理过程中,系统为数据提供安全、稳定的底层服务,有完整的权限体系、安全接入体系和审计操作功能,并提供完整的数据地图和数据血缘服务。

数据是大数据平台的核心,平台支撑数据采集、数据处理、数据存储、数据分析与挖掘、数据服务与应用的全过程。平台建设的核心内容有:大数据集中、存储、互通、安全的基本理念与法则,数据孤岛统一化管理,可以扩展大数据多类型存储和高性能分析服务、数据一体化治理和安全管控的能力。

大数据治理环境是大数据平台进行数据存储、分析与挖掘的核心区域。数据体系环境采用实体关系建模方式按主题保存企业级的全部数据,包括历史数据。数据治理环境建设内容包含数据标准管理、数据质量管控、数据资产管理、数据安全、数据交换与共享、元数据管理等。

数据存储基于分布式存储,支持水平扩容,支持多种存储数据类型,提供结构化、半结构化、非结构化数据的存储解决方案。结构化数据存储于hive建立大数据仓库,半结构化数据基于列存储HBase实现,非结构化数据根据实际需要可提供HDFS存储。

HDFS、Hive、HBase的基本原理如下。

(一)HDFS

HDFS是面向PB级数据存储的分布式文件系统,可以存储任意类型与格式的数据文件,包括结构化的数据以及非结构化的数据。HDFS将导入的大数据文件切割成小数据块,均匀分布到服务器集群中的各个节点,并且每个数据块多副本冗余存储,保证了数据的可靠性。HDFS还提供专有的接口API,用以存储与获取文件内容。

HDFS基础架构主要包含组件NameNode、Secondary NameNode、Data-Node等。NameNode和Secondary NameNode是HDFS核心组成部分,Data-Node用于数据存储节点。

NameNode上保存着HDFS的名字空间。对于任何对文件系统元数据产生修改的操作,NameNode都会使用一种称为EditLog的事务日志记录下来。例如,在HDFS中创建一个文件,NameNode就会在Editlog中插入一条记录来表示;同样修改文件的副本系数也将往EditLog插入一条记录。NameNode在本地操作系统的文件系统中存储这个EditLog。整个文件系统的名字空间,包括数据块到文件的映射、文件的属性等,都存储在一个称为FsImage的文件中,这个文件也是放在NameNode所在的本地文件系统上。

NameNode在内存中保存着整个文件系统的名字空间和文件数据块映射(BlockMap)的映像。这个关键的元数据结构设计得很紧凑,对于客户实际生产过程中会有海量文件数目,大数据开发管控平台建议对NameNode选用大内存机型应对。当NameNode启动时,它从硬盘中读取EditLog和FsImage,将所有Editlog中的事务作用在内存中的FsImage上,并将这个新版本的FsImage从内存中保存到本地磁盘上,然后删除旧的EditLog,因为这个旧的EditLog的事务都已经作用在FsImage上了。这个过程称为一个检查点(checkpoint)。在当前实现中,检查点只发生在NameNode启动时,在不久的将来将实现支持周期性的检查点。

HDFS支持传统的层次型文件组织结构。用户或者应用程序可以创建目录,然后将文件保存在这些目录里。文件系统名字空间的层次结构和大多数现有的文件系统类似:用户可以创建、删除、移动或重命名文件。当前,HDFS不支持用户磁盘配额和访问权限控制,也不支持硬链接和软链接。但是HDFS架构并不妨碍实现这些特性。

NameNode负责维护文件系统命名空间,任何对文件系统名字空间或属性的修改都将被NameNode记录下来。应用程序可以设置HDFS保存的文件的副本数目。文件副本的数目称为文件的副本系数,这个信息也是由NameNode保存的。

Datanode将HDFS数据以文件的形式存储在本地的文件系统中,它并不知道有关HDFS文件的信息。它把每个HDFS数据块存储在本地文件系统的一个单独的文件中。Datanode并不在同一个目录创建所有的文件,实际上它用试探的方法来确定每个目录的最佳文件数目,并且在适当的时候创建子目录。在同一个目录中创建所有的本地文件并不是最优的选择,这是因为本地文件系统可能无法高效地在单个目录中支持大量的文件。

当一个DataNode启动时,它会扫描本地文件系统,产生一个这些本地文件对应的所有HDFS数据块的列表,然后作为报告发送到NameNode,这个报告就是块状态报告。

（二）Hive

Hive把存储在HDFS之上的结构化数据抽象成关系型数据表,并提供SQL接口对数据表做查询操作。因此,用户能够以传统关系型数据库的方式来查询大数据存储系统。可以通过Hive来实现SQL查询分析。

1.Hive提供了以下功能

（1）提供类SQL语言(HQL),可以很方便地做ETL操作。

（2）数据可以存储在多个不同的存储系统,可以使用多种存储类型。

（3）查询执行是通过MapReduce实现。

（4）提供丰富的函数:普通函数(split等)、分析函数(sum等)、表级函数(row_number等)。

2.Hive工作流程

Hive提供3种用户接口:CLI(命令行模式)、Cliem(交互模式)、WebUI(网页访问)。大数据开发管控平台的使用方式是后台启动HiveServer,然后使用脚本去连接HiveServer,执行相应的SQL,并返回结果。该脚本(以下简称PLC)可以用python实现连接HiveServer,PLC层将会直接通过WEB交互分析、通过Lhotse系统直接访问Thrift Server。

IDE/Lhotse通过PLC连接到HiveServer(通过Thrift实现),HiveServer会去解析SQL,通过MR计算相应结果,然后返回。下面将详细介绍Hive是怎样解析SQL语句,并执行任务的。

详细流程如下:

(1)HQL语句主要分为四种,即DDL(数据定义语言)、DCL(数据控制语言)、DML(数据作语言)、DQL(数据查询语言)。

(2)DDL:创建/删除表,创建/删除分区,显示函数等操作。

(3)DCL:创建/删除用户,授予/撤销权限等操作。

(4)DML:insert/update等操作。

(5)DQL:select操作。

DDL和DCL语句执行流程很简单,无须执行MR作业,只需要对元数据(MetaDB)、HDFS进行相应的操作即可完成。DML和DQL一般都需要执行MR作业,除非一些特殊的语句进行优化后,无须执行MR(如select*from limit语句等)。

DML和DQL都比较复杂,会将HQL语句转换成一个或者多个MR作业执行,得到最终结果。

HQL语句的执行过程总的概括为:HQL→AST→OpT→TaskT→执行→返回结果。下面我们以"SELECT a, sum(b), count(distinct c)FROM test：：a_roncenl Group By a"为例,对Hive执行流程进行说明。(表a_roncenl的定义为CREATE TABLE a_roncenl(a BIGINT, b BIGINT, c STRING))

(1)HQL→AST。AST是指抽象语法树,Hive使用开源的语法分析器Antlr对HQL进行解析。可以在Hive.g文件中定义新的语法。

(2)AST→OpT。

OpT是指算子树,这个过程比较复杂,也是hive的核心内容之一。基本分为3步:

①对AST树进行深度优先遍历,遇到相应的标签,将其存储到相应的数据结构,供后续操作。

②根据第一步所得的数据结构,查找元数据和操作HDFS,得到对应的相关信息,并存储。

③根据上两部所得的信息,生成最后的OpT。

A.进行深度优先遍历。

遇到TOK_FROM:将其子树作为HQL的数据源。

遇到TOK_DESTINATION:将其作为结果文件的存放位置。

遇到TOK_SELECT:保存选择列的信息。

遇到TOK_GroupBy:保存group by列的信息。

B.读取元数据信息。

将数据源信息(表a_roncenl信息)、结果文件信息(存放HDFS临时目录)等存放到相应的数据结构。

C.根据上述信息生成对应的OpT。

数据源表(TOK_FROM)会生成"表扫描算子(TableScanOperator)";选择列会生成"选择算子(SelecOperator)"。

Group by列比较复杂,会用到reduce功能,生成"选择算子"、"输出算子(Reduce Sink Operator)"和"分组算子(Group by Operator)"三个算子。

(3)OpT→TaskT。TaskT是指任务树,每个任务是hive执行的逻辑单元,任务树在这里可以简单理解为一个MR的job。

Hive会根据算子树,生成对应的任务树,上述例子比较简单,将此算子树生成对应的MRjob。

(4)TaskT执行。生成完TaskT后,就开始执行任务了。有依赖关系的job,必须要等其所有的父job执行完后,当前job才会开始执行。

Hive会将当前job的OpT序列化到HDFS上,然后将job提交到MR,当执行Map和Reduce时,会将序列化的OpT反序列化,对每一行数据,依次执行每个算子。数据就像流水一样,沿着算子树往下流。

(5)返回结果。如果是DQL语句,则会将结果存放在HDFS的临时目录下,然后,Hiveserver会去读取临时目录下的文件,并返回给客户端。

（三）HBase

HBase是一个构建在HDFS上的分布式列存储系统。HBase是基于Google BigTable模型开发的,典型的key/value系统;HBase是Apache Hadoop生态系统中的重要一员,主要用于海量结构化数据存储;从逻辑上讲,HBase将数据按照表、行和列进行存储。与Hadoop一样,Hbase目标主要依靠横向扩展,通过不断增加廉价的商用服务器,来增加计算和存储能力。一方面,HBase采用列式存储模型,能够支持灵活的列字段定义;另一方面,HBase利用LSM(Log—Structured Merge—Tree)数据结构模型,将数据随机访问转换成对磁盘的顺序读写,从而实现高性能的数据随机访问。

RowKey:是Byte array,是表中每条记录的"主键",方便快速查找,RowKey的设计非常重要。

ColumnFamily:列族,拥有一个名称(string),包含一个或者多个相关列。Column:属于某一个columnfamily,familyName:columnName,每条记录可动态添加。

Version Number:类型为Long,默认值是系统时间戳,可由用户自定义。

Value(Cell):Byte array。

HBase分布式列存储系统组成包含HDFS、Region Server、Master节点、ZooKeeper集群等四大部分。各部分的具体功能如下描述。

HDFS点主要负责HBase底层存储,HDFS保证了HBase的高可靠性。HDFS为Region Server和Master节点提供分布式存储服务,同时保证数据的可靠性,主要功能如下。

(1)提供元数据和表数据的存储。

(2)数据多副本保存,保证数据的高可靠性和高可用性。

Master节点主要负责以下内容:

(1)为 Region Server(在HBase中称之为 Region Server)分配region。

(2)负责整个集群的负载均衡。

(3)维护集群中的元数据。

(4)负责监控整个集群,发现失效的 Region Server,并重新分配其上的Region。

Region Server节点主要负责以下内容:

(1)管理Master分配的Region,处理来自客户端对Region的读取工作。

(2)切分在运行过程中变的过大的Region。

(3)负责和底层的HDFS交互,存储数据。

Zookeeper节点功能:

(1)保证集群中仅仅存在一个Master能够运行。

(2)监控 Region Server的状态,通过回调的形式通知Master Region Server的上下线的信息。

(3)存储寻址的入口地址。

综上所述之HDFS、HIVE、HBASE、PGXZ等的存储设计原理,大数据基础平台层提供了满足海量数据存储、高性能计算、敏捷数据开发和运行环境支撑等的基础能力,结合后续多租户管控、高性能计算组件、可视化集中作业调度和监控平台的实现方案,将完全满足大数据开发管控平台的要求。

第三节 高性能图数据库存储及检索技术

针对超大规模的交通知识图谱深度搜索时间长、难以满足交通治理应用的问题,攻克了异构大数据搜索自适应图分割技术和面向知识图谱的分布式智能任务调度技术,建立了自主知识产权的分布式图数据库引擎。

一、交通知识图谱的存储、检索及推理技术

在知识图谱中,知识是一些大量的复杂、低结构化、高连接关系的数据。当这些知识被频繁地查询和更新时,关系数据库会在每次处理时产生大量的表连接,从而导致性能问题。而由于图数据库独特的数据存取方式使其在这种使用场景下能比关系型数据库的性能高出几千倍。相比于关系数据库,图数据库在处理这种知识数据上具有优势。

面对大量多源异构数据和数以亿计的实体关系数据时,传统的关系数据库无法满足复杂的交通时空关联分析,因此本课题采用更加高效、高性能和高扩展的图数据库作为知识图谱的存储引擎。图数据库的优点在于其天然的能表示知识图谱结构,图中的节点表示知识图谱的对象,图中的边表示知识图谱的对象关系。本课题基于图数据库的数据存储机制,编写完成了多源异构交通数据的导入标准,包含实体导入和关系导入,可以实现交通数据快速存储至图数据库。

在领域数据知识图谱的使用中,经常使用的操作包括:通过实体、关系或属性检索相关联的实体;通过实体和实体检索实体之间的关系或属性;对图谱进行遍历。当图谱中的实体和关系的规模很大时,为了加速检索,存在两种类型的索引,分别是图索引和以实体节点为中心的索引。其中图索引对图谱的检索场景非常高效,如对实体或关系的查询;以实体节点为中心的索引对图谱遍历的场景非常高效。

知识图谱构建完成后,一个以实体、关系、属性为要素的复杂网络就形成了,还需要为应用侧提供图计算的能力支撑。知识推理被广泛用于发现隐含知识。知识库推理可以粗略地分为基于符号的推理和基于统计的推理。在人工智能的研究中,基于符号的推理一般是基于经典逻辑(一阶谓词逻辑或者命题逻辑)或者经典逻辑的变异(比如说缺省逻辑)。基于符号的推理可以从一个已有的知识图谱,利用规则,推理出新的实体间关系,还可以对知识图谱进行逻辑的冲突检测。基于统计的方法一般指关系机器学习方法,通过统计规律从知识图谱中学习到新的实体间关系。

所有对图谱的应用,都是基于这个复杂网络的大规模计算。这些计算包括但不限于:

(一)查询检索

目标节点的n度关联方,或者查询某种子图结构,主要是以深度优先或广度优先等方式遍历网络,输出关联节点或同构实例。

（二）指标统计

计算统计图谱中单一节点或多个节点的图特征以及属性特征,可转换为特征向量。

（三）关联分析

分析图谱中两个节点间或多个节点间的关联关系、紧密程度；常用的方法是路径查询、距离计算,输出结果为边的集合(路径)或节点及节点间边的距离。

（四）节点分类

节点分类是指对节点根据图特征或者关联属性特征进行分类。常用方法为标注目标节点、图特征提取、分类算法等,输出结果为特征图谱库等。

（五）异常检测

异常检测是指在全网内发现异常节点、异常子图模式,例如出入度数值离群的节点、闭环的投资关系、未知业务含义但是罕见的频繁子图模式等。常见方法是聚类、子图发现算法等。输出结果以异常节点库、异常子图结构模式库为主。

（六）预测推理

预测推理指通过规则或者概率论,从已有知识图谱中预测推理新的关系和知识,适用于弱关系的推理、链接预测等。常见方法是规则推理、机器学习等。输出结果为新节点、新关系等等。

（七）时序分析

时序分析是指对单一关系、事件做时序分析,或者对网络拓扑结构的变化做时序分析,例如风险在网络中的传播先后路径等。常见方法有时序分析、风险传播模型等。输出结果为时序异常、风险评分等。

（八）计算的结果

或以在线服务,或以离线结果的形式提供给应用侧,从而为业务系统赋能,实现各种分析功能。

二、高性能图数据库引擎优化技术

本书通过异构大数据搜索自适应图分割技术和面向知识图谱的分布式智能任务调度技术,建立了自主知识产权的分布式图数据库引擎。

自适应图分割算法解决了在静态和动态条件下怎样自动地把一张包含海量数据的大图分成多个子图均衡的存在不同数据存储节点的问题。图的切分不仅仅关系到去中心化的合理分布,也大大地影响着查询和算法的效率,尤其是碰到超级点的时候,一个节点可能有十几万甚至百万条边。图分割一般可以分为按照边和点来分割两种,本技术使用了混合的优化分割办法,使得无论是静态节点分配还是动态再平衡都可以自动优化完成,优化计算与资源协同,使得超级节点不成为查询和计算的致命瓶颈。

分布式资源管理层统一管理和调度集群的硬件资源、CPU计算资源和数据存储资源。任何节点都可以进行任务注册和发布,支持Windows和Linux等多平台部署,提供任务的监控、转移和恢复。分布式资源管理使用了bag of tasks模式,在平台内构建了资源池使得其中的计算任务可以被各个节点智能获取执行,可以高效地发挥去中心化自组织架构的优势,实现最优化、无瓶颈、高容错的调度分布式资源。

分布式任务通过DAG模型保证前置依赖正确完成,各个节点并行调度分解任务,每个DAG被分解成了多个没有相互依赖的独立计算任务,这类计算任务变得非常容易被并行地分发与执行,因为任务之间没有了依赖关系以及消息发送/接受/处理问题,大大降低了系统任务控制复杂度,实现了高并发计算工作流优化控制。

三、知识图谱应用构建

知识图谱构建是一个全新的工程化实践,虽然不同于软件工程,也不同于数据挖掘,但是可以借鉴它们的指导思想,并考虑到自身的特点,整理为以下几个过程:主题工程、图谱工程、计算工程和评价工程。

(一)主题工程

主题工程主要包含分析业务场景,梳理业务主题和分析应用对知识图谱的需求,输出主题需求说明书。

在梳理主题需求的过程中,IBR规范是非常行之有效的。

(二)图谱工程

图谱构建有三种方式:手工方式、自动方式、混合方式。在手工创建的过程中,往往需要先手工创建本体模型,然后将数据按照本体来抽取为实例。

对于自动的方式,本体模型和知识图谱是一体的,是包含实例的,是动态生成的。

第三种,混合模式是上述两种方式的结合,先通过自动方式获取知识图谱,然后需要大量的人工干预过程。

在一个针对性较强的分析场景,特别是对数据关联关系的精确程度要求较高,继而对分析结果的质量要求较高的情况下,手工方式构建知识图谱较为常用。

1.本体建模

本体模型,决定了知识的组织方式,也决定了业务探查的广度和深度,对于知识图谱而言至关重要。本体建模,需要四个步骤。

(1)列举术语和概念。例如在交通信息主题,应当根据前一步业务分析的结果来列举相关术语和概念,尽可能完备、清晰、不重叠,这个过程也可以通过机器学习来辅助生成,但需要领域专家的审核。

(2)定义实体及其层次关系。例如在组织机构这个实体中可下钻为企业、政府机构、非营利组织及其他,企业又可以从不同的维度进行下钻,分为上市/非上市、国有/民营/合资/外资等,这个过程基本上完全由领域专家来完成,才能得到准确的层次关系,为后续数据统计、挖掘、推理打好基础。

(3)定义实体的基本属性。基本属性是用来区分同一类实体中每一个实例的特征,同时也是用于业务分析和挖掘的指标。一种实体可能会用于多个主题,所以属性要尽可能全面。

(4)定义实体间的关系。实体间存在多重关系,可以理解为存在立体的图层,例如人与人之间有社交关系、通信关系、账务往来关系、借贷担保关系、司法诉讼关系等等。

本体建模是一个多次迭代的过程,要与领域专家、工程人员、分析人员反复沟通,从而确保定义的准确性和完备性。关于本体模型的评估标准,将在评价工程中一并阐述。

2.数据预处理

在处理数据之前,首先要分析多源异构数据的质量、可用性、关联性、一致性等,并发现问题数据,制定处理规则。由于数据纷繁芜杂,预处理的过程有如下方法。

(1)理解数据源的业务含义,需咨询领域专家、向数据库管理员求证、调研数据描述领域的专业知识和规则。

(2)分析数据源的时效性:从需求出发,查看数据新鲜度、时效性以及新旧数据的差异,评估数据时效性是否满足业务需求。

(3)数据源的概览统计:从数据量、数据类型、数据体积、字段取值分布等维度,统计数据概况。

(4)数据源的质量评估:评估问题数据(数据缺失、重复、错误、不可用)占比情况,考虑数据可用性。

(5)可关联性评估:从表间主外键值是否有效、主外键关联成功的比例、条件匹配辅助关联度评估数据的可关联性。

数据预处理的目标是,使输出的数据一致、准确、完整、规范、逻辑合理、有效。处理方式包括但不限于过滤、补全、格式转换、合并拆分、翻译、映射、业务计算等。

(1)过滤:对于无效或错误数据的判断和过滤。

(2)补全:对于缺失数据的补全。

(3)格式转换:将数据通过解码/转码,转换为需要的格式进行存储。

(4)合并与拆分:根据需求将过程字段合并或拆分为需求的目标字段。

(5)数据翻译:将数据通过规则等途径转义为目标数据的语义规范。

(6)数据映射:根据映射规则和业务逻辑,将数据源映射到目标的数据格式和结构。

(7)业务计算:根据业务需求对源数据进行加工计算。

3.实体和关系识别

对结构化数据进行实体和关系识别,主要是通过数据ETL的方式进行映射。此处不做展开。

对非结构化数据的命名实体识别,包括但不限于人名、地名、机构名、专有名词等。这个过程通常包括以下两个步骤:

①实体边界识别。

②确定实体类别(人名、地名、机构名等)。

对于关系的识别建立在实体识别的基础之上,方法可以通用。一般有基于规则和词典、统计或混合三类方法。

(1)基于规则和词典。基于规则的方法多采用语言学专家手工构造规则模板,选用特征包括统计信息、标点符号、关键字、指示词和方向词、位置词(如尾字)、中心词等方法,以模式和字符串相匹配为主要手段,这类系统大多依赖于知识库和词典的建立。

(2)基于统计。基于统计的方法利用人工标注的语料进行训练。常用方法有隐马尔科夫模型(HMM)、最大熵(ME)、支持向量机(SVM)、条件随机场(CRF)等。

(3)混合方法。自然语言处理并不完全是一个随机过程,单独使用基于统计的方法会使状态搜索空间非常庞大,必须借助规则知识提前进行过滤修剪处理。常用方法包括层叠隐马尔科夫模型,或在基于统计的学习方法中引入部分规则,将机器学习和人工知识结合起来。

4.融合和消歧

实体融合是指将事实上本应相同的几个实体按一定规则或逻辑进行融合为一个实体,以减少歧义并提高数据质量。方法有:基于正则表达;基于一个或多个特征;基于逻辑规则;基于概率模型;基于相似度;基于机器学习。

实体消歧是将文本中具有多个含义的实体指称去除歧义,并将其链接到知识库中的唯一实体,以提高数据质量。主要通过基于规则方式进行实体消歧。消歧规则包括但不限于以下几点。

(1)以节点出入度高优先。

(2)以最新入库时间优先。

(3)以权威数据源优先。

5.图谱生成和展示

为了展示知识图谱的构建结果,会设计图谱编辑、图谱可视化、数据统计、时间轴、调查推理、子图挖掘等产品功能模块,实现对计算结果的可视化。

支持多种可视化布局(例如:环形、分层、网格、力学),可用于探索不同的网络结构关系。

（三）计算工程

1.查询检索

查询和检索是最常见的计算,常用于查询目标节点的n度关联方或者查询某种子图结构,主要是以深度优先或广度优先等方式遍历网络,输出关联节点或同构实例。

2.指标统计

指标统计指对图谱中单一节点或多个节点的图特征进行统计。

单主体图指标包括以下内容:

(1)出度:表征某节点发出的边的多寡,定义为统计节点发出的关系总条数

(2)入度:表征某节点接收到的边的多寡,定义为统计指向该节点的关系总条数。

(3)介度:表征某节点桥接作用的重要性。

(4)中心度:表征节点在当前子网中的重要性。

多主体图指标包括以下内容:

(1)图直径:表征当前子网任意两个节点间最短路径的最大值。

(2)聚类系数:表征图形中节点聚集程度的系数。

(3)图密度:表征当前子网节点间关系的多寡,定义为当前子网实际关系的条数与当前子网节点理论最多可存在的关系条数的比值。

除此以外,统计图谱中单一节点或多个节点的关联属性特征也十分常见。

(1)单主体的关联属性特征,如:单主体的一度关联方中的各自有属性占比和统计。

(2)多主体的关联属性特征,如:统计该集团中所有主体的属性、分布占比,或该集团中一度关联方的各自有属性占比和统计。

3.关联分析

关联分析是指分析图谱中两个节点间或多个节点间的关联关系、紧密程度,进而可以实现社群发现和分割。常用的方法是路径查询、距离计算,输出结果为边的集合(路径)或节点及节点间边的距离。

4.节点分类

节点分类是指对节点根据图特征或者关联属性特征进行分类。常用方法为标注目标节点、图特征提取、分类算法等,输出结果为特征图谱库等。

5.异常检测

异常检测是指在全网内发现异常节点、异常子图模式,例如出入度数值离群的节点、

闭环的投资关系、未知业务含义但是罕见的频繁子图模式等。常见方法是聚类、子图发现算法等。输出结果以异常节点库、异常子图结构模式库为主。

6.预测推理

预测推理是指通过规则或者概率论，从已有知识图谱中预测推理新的关系和知识，适用于弱关系的推理、链接预测等。常见方法是规则推理、机器学习等。输出结果为新节点、新关系等等。

7.时序分析

时序分析是指对单一关系、事件做时序分析，或者对网络拓扑结构的变化做时序分析，例如风险在网络中的传播先后路径等。常见方法有时序分析、风险传播模型等。输出结果为时序异常、风险评分等。

（四）评价工程

评价工程应当贯穿于整个知识图谱建设的过程，从本体模型、知识图谱、计算效率到计算结果，从而不断优化本体模型、优化知识图谱、优化算法、优化模式库等。

1.本体评价

一个良好的本体模型，应当符合下列标准。

(1)明确性和客观性：用自然语言对所定义术语给出明确的、客观的语义定义。

(2)完全性：定义是完整的，完全能表达所描述术语的含义。

(3)一致性：由术语得出的推论与术语本身含义不会产生矛盾。

(4)最大单调可扩展性：添加通用或专用的术语时，不需要修改已有的内容。

(5)最小承诺：即尽可能少的约束，指本体约定应该最小，对待建模对象应给出尽可能少的约束。

在完成本体建模后，应当根据上述标准量化打分，在经过多次迭代，质量达标后，再进行下一个步骤。

2.图谱评价

知识图谱生成以后，应对其进行质量评价，包括但不限于如下方面：

(1)知识的准确性：实体识别准确率、歧义率。

(2)知识的合理性：关系合理性、属性合理性。

(3)知识的完备性：业务描述程度、数据完整性。

(4)知识的推理性：是否具有推理逻辑、推理规则的一致性。

知识图谱的评价具有一定难度，在准确性方面比较容易抽样统计，但合理性、完备性、推理性方面，需要各方面参与的人员协同完成、制定专家打分量化表。

3.计算评价

对于百亿级节点以上的大规模知识图谱,应对计算效率和计算结果两方面予以评价,从而不断优化。

4.模式评价

异常子图的评价:机器学习获得的子图模式,通过统计得出频次和指标。

机器学习可以解决异常模式发现,但存在大量"模式异常"而"业务正常"的情况,故而仍需业务专家筛选甄别违规指标,综合评价,确认为"反例",用于未来的检索和告警;人工根据行业业务经验提取的子图模式,具有业务异常意义,但仍需将计算结果结合模式频次和实际违规占比进行评价,确认人工提取的子图是否继续使用、是否需要修正。

第四节 高可靠异构计算技术

大数据处理套件面向数据全生命周期,提供一站式数据规划、集成、开发、治理、服务、应用平台。该异构计算技术包括高性能计算存储分析引擎和丰富的数据微服务工具,可供用户灵活组合,并通过全平台开放能力连通各行业优秀数据应用,满足用户在多行业、多场景的数据应用和运营需求。

一、异构大数据处理套件

提供贯穿数据全流程的数据开发平台,集数据集成、开发、处理、监控到数据可视化一体化能力于一体,实现闭环的数据业务开发全流程。

(一)工具

提供完善的一体化一站式工具,有效降低大数据开发的门槛,减少代码和系统维护工作量。

(二)开放

基于开源,优于开源,技术栈平滑迁移,企业自主可控。

(三)生态

行业生态企业可以基于工具箱制作面向各行各业的解决方案。全域汇聚数据资产,通过一站式加工和数据治理,帮助用户升级数据体系,快速生成数据应用,构建贴合自身业务的数据中台。

1.高性能数据计算与存储引擎

兼容开源Hadoop社区标准,通过自研优化,进一步提升性能和稳定性,为构建数据中台提供了大数据平台基础能力。

2.微服务工具

聚焦提供面向开发者的数据集成、开发、服务一体化能力,并通过平台服务能力进行扩展。

3.数据中台能力

提供平台开放能力,快速扩展和适配内外部中台工具,形成联合的数据中台产品方案,为满足不同行业和企业的数据中台建设提供更多助力。

基于平台开放能力,作为大数据生态"连接器",深度与各行业优秀的大数据开发、治理服务及应用产品合作,提供建设数据中台等大数据场景的咨询、产品、实施和应用能力,为面向不同行业不同场景的用户提供专业一体化的大数据解决方案。

二、异构计算技术特点

（一）技术开放

技术源于开源社区，知识迁移平滑，运维管理简单，无需投入大量的人力物力替换原有体系，且修复问题反馈给社区，并主导版本发布。

支持多驱动接入、完美兼容社区标准。支持低资源占用率的Hive(SQL92标准支持Sql2003标准的内存迭代运算引擎SparkSQL；可选购PLSQL语法驱动，以获得90%的Oracle语法支持。

查询引擎深度优化，对Count、Sum、Group by等分析函数的优化完美助力海量数据分析场景。Disk Accelerator对10的深度加速助力PB级数据的快速分析。支持外部数据，如Mysql、Hbase与SuperSql的跨源数据运算，便于形成数据联邦。

（二）稳定可靠

运维经验丰富，有7年运维经验、单机群1.2万服务器、100次/天线上问题处理、8次/月扩容、2次/年搬迁、人均管控4000台服务器。数据节点分布式部署，高可用保障，故障秒级切换。支持数据加密传输、存储，多租户数据隔离，基于角色的数据管控体系，支持列级粒度权限控制。

（三）极致性能

深度优化hive, spark, hbase性能和稳定性，在国际Sortbenchmark100TB数据排序获得冠军。性能优于社区方案，数据处理能力提升30%左右。支持上千维度、千亿规模数据的秒级交互式多维分析。

（四）全链路覆盖

可依托平台安全、便捷地进行数百PB级别的大数据的集成、处理、存储、分析、展现、机器学习等全链路可视化的离线及实时数据开发任务。

（五）安全加固

强大的多租户数据安全和合规特性保证数据安全，提供面向用户、主机和服务的认证，账号认证可以与AD、PKI/CA系统整合，支持库、表、列级数据权限管控以及服务及功能权限管控，平台提供日志审计功能，还提供基于HTTPS传输加密保护，支持数据脱敏及检测规则。

三、异构计算技术功能

（一）数据规划

根据业务目标进行数据架构设计和规划，完成数据分层和模型设计以及业务相关数据源配置，为后续数据集成开发做准备。

1.数据源管理

对数据源进行统一管理,支持ftp、postgre、sqlserver、oracle、mysql、hive、hbase、kafka。

2.库表管理

支持新建库表,对库表进行统一管理,支持多租户模式,通过工作空间/项目实现资源划分和隔离;支持对工作空间/项目的计算存储资源进行管理,可随时扩容或减配;可视化界面对数据库表进行管理,支持Hive和Hbase等存储类型。

（二）数据集成

根据业务目标配置数据集成任务,按照表或库的方式从多源异构的数据源中将数据汇聚集成到平台。提供异构数据源之间的数据同步迁移能力,支持ETL任务、整库迁移、实时增量同步三种数据同步方式。

1.离线任务管理

对离线数据集成任务进行配置和管理。

(1)数据源类型：MYSQL、ORACLE、SQLSERVER、POSTGRE、TBASE、HIVE。

(2)同步方式：全量。

(3)调度周期：支持月、周、天、小时、一次性调度。

(4)高级配置：提供任务高级配置功能,包括性能、异常、策略、清洗和转化配置。

(5)告警配置：提供作业异常时的告警功能。

(6)作业操作：作业启动、停止、删除、执行、查看、继续配置。

(7)任务操作：查看、重新执行。

2.实时任务管理

对实时数据集成的任务进行运维操作。

(1)数据源类型：MYSQL(源)、ORACLE(源)、TBASE(目)。

(2)同步方式：增量(Bin log)。

(3)调度周期：实时调度。

(4)作业操作：作业启动、停止、删除、执行、查看、配置。

(5)任务操作：查看、重新执行。

（三）数据开发

在完成数据规划和数据集成后,按照数据加工指标和逻辑进行数据处理程序设计与开发,根据处理场景和时效性将数据开发分为离线数据开发和实时数据开发。

1.离线数据开发

任务调度支持MR、Spark、SQL、Shell脚本的离线数仓开发,提供可视化的配置界面,方便用户快速构建复杂的业务流程和调度依赖。

(1)支持多种数据开发组件,支持拖拽式编排工作流任务。

(2)支持丰富的任务调度模式,快速配置各种参数及运行模式。

(3)支持多种任务监控内容,支持重跑,补跑等任务运行方式。

2.实时数据开发

实时数据开发平台,集应用的创建、调试、部署、运行、运维、监控于一体,涵盖实时数据全生命周期,只需数分钟便可轻松构建流计算应用。

(1)简单易用的UI,提供包括画布、SQL、JAR三种方式快速创建。

(2)多年自研与优化,性能数倍于Storm等传统实时计算引擎。

(3)丰富的算子类型,支持source、select、where、window、Group by、join、union、sink、cep、keyBy、split、streamSelect等。

(4)函数管理,对自定义函数进行查看、管理和创建操作,支持ScalarFunction和TableFunction两类函数的定义。

3.机器学习

全可视化的算法应用与模型调优,简化数据挖掘使用步骤,以数据科学家视角思考数据挖掘方式,充分激活大数据活力。

(1)全图形开发页面,支持自动化建模、自动化调参。

(2)集成Spark、Angel、Tensorflow等多种计算框架,支持随机森林,逻辑回归,神经网络等30+分类聚类算法及其他机器学习算法。

(3)支持开放API,深度集成第三方工具、算法等,并集成行业模型及算法优化规则。

(四)数据治理

对于复杂的数据开发和分析场景,一个项目下的库表资源可能无法满足业务需要,这个时候就出现A项目的用户需要读B项目下库表的情况。提供数据地图功能,用户可以查看所有项目的库表并支持按需申请,除此之外,也可根据用途对关注的库表打标签和收藏,提高应用效率。

1.元数据采集

元数据是数据中台的核心纽带,它通过多源异构元数据的采集和集成,协同管理起多维的技术、业务元数据,并维护全生命周期血缘和业务关系,为数据资产化提供多维的元数据分析和服务。

2.数据标准化

通过构建可视化的对标流程(任务分配、管理、对标、审核、调度)以及完善的标准管理体系,解决了数据的不规范问题,完成大数据规模下的高效统一规范,提升各业务系统使用的数据资源质量。

3.数据质量

数据质量管理通过可视化的任务管理、多维度的质量评估、灵活的规则配置等功能，为数据接入、整合、加工到消费的全生命周期各阶段提供数据质量稽核能力。

（五）数据应用

对于数据开发环节加工生产的面向应用的数据表，可用可视化报表进行对接，通过数据筛选和界面图表配置实现复杂的可视化报表展示，并发布分享给所需用户使用。

1.数据源管理

提供数据源管理和数据加工功能。

（1）数据表：支持Excel、SQL、直连数据库、API数据接入、多表关联、数据聚合、SQL创建合表7种建表方式。

（2）指标表：通过数据表创建指标和计算指标。

（3）维度表：通过数据表创建维度。

（4）数据库：提供MySQL、PG、SQL Server、Oracle、ES、Hive 6种数据源连接。

2.页面设计

通过拖拉拽的方式进行报表设计。

（1）文本、指标卡、二维表、饼图、柱图、条形图、折线图、堆积柱状图、堆积条形图、雷达图、仪表盘、地图、漏斗图、散点图、词云、百分比堆积柱状图、百分比堆积条形图、对比条形图、双轴图、面积图、旭日图、桑基图、排行榜、URL链接。

（2）搜索、筛选、时间筛选、TAB。

3.门户

通过关联页面形成数据门户，支持复杂二级目录，支持分享和推送。

4.驾驶舱

通过关联仪表盘创建驾驶舱，支持分享。

5.模板管理

通过配置提前设计模板，支持门户关联模板。

第六章 匝道控制

第一节 交通流特征与高速公路通行能力

一、通行能力近饱和状态下的交通流特征

随着交通需求(即交通量)的增加,高速公路的交通密度不断增大且行驶车速不断降低,当交通需求接近道路通行能力时,交通流的运行情况将开始恶化。在此情况下,交通运行效率因周期性的紊流而急剧下降,并随后引起稳定交通流的迅速崩溃,从而导致了交通运行效率的进一步恶化。

已有大量文献研究了稳定流(未拥堵状态)与不稳定流(拥堵状态)间的转变特性。Banks在研究中推荐使用图6-1所示模型,图中的直线段OA、OC构成一个倒V模型,加上直线段AB构成倒λ模型。同时,虚线椭圆表示区域内的实际数据点分布较为离散,而拥堵交通密度是指车流停滞时的密度值。

由图中可见,随着交通量的增加,平均交通密度以近似线性的比例增加,直到交通量达到A点位置附近。这一近似线性关系意味着车速变化很小。当交通量接近A点时,交通流变为不稳定状态的可能性上升,从而导致交通流量与行驶车速的下降及交通密度上升。在高速公路某一路段上,首次发生这种转变的位置被称为瓶颈位置。瓶颈位置常位于进口匝道处或其附近,因为这一区域可能会发生合流后交通量超过道路通行能力的情况。直线AC段显示了不稳定交通流的总体发展趋势,但实际数据可能与此趋势存在很大差异。

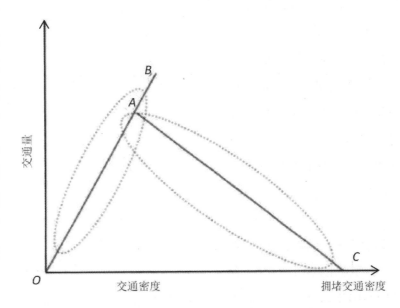

图6-1　交通量与交通密度的关系示意图

Shawky与Nakamura通过威布尔分布函数和正态函数来表示累积概率分布$P(x)$。

$$P(x) = 1 - \exp\left(-(x/\beta)^\alpha\right) \tag{6-1}$$

式中，x是流出量(排队消散交通流量，当量小客车/车道/h)；α是形状参数；β是尺度参数。

二、匝道控制下的有效通行能力提升

本节主要介绍了匝道控制对于上节所述崩溃交通流的改善效果。本节引用了Zhang L与Levinsor的研究理念和数据，该参考文献检验了在匝道控制执行前后，双子城地区高峰时段27个活跃瓶颈点的交通流特征。

图6-2所示为Zhang L与Levinson在分析交通流崩溃情况时采用的模型。高峰时段内，交通流量不断上升并在某一时刻超过排队消散交通流量水平时，意味着已经进入排队形成前的转变时段。图中虚线表示恒定的排队消散交通流量，而排队形成前的转变时段将一直持续到交通流量等于稳态排队消散交通流量。在这一时段内，可能会出现多次交通崩溃再恢复到崩溃前状态的过程。随着时间的推移，由于交通需求的减少，交通流量将逐渐降低至图中所示值以下。而匝道控制的实施将有助于延缓交通流崩溃开始时间，并提高崩溃后的排队消散率。

尽管不同瓶颈点的匝道控制执行效果存在差异，Zhang L与Levinson的研究结果仍展现出以下平均提升效果：

匝道控制使排队形成前的转变时间平均值从60 min增加到近2 h，增幅为73%。

由于稳态排队消散时段内的平均交通流量比排队形成前转变时段的平均交通流量低5.8%，因此，排队形成前转变时段的延长会显著减少延误时间。

在匝道控制执行后，排队形成前转变时段的平均交通流量增加了3%。

在匝道控制执行后，稳态排队消散时段的平均交通流量增加了2%。

匝道控制执行前后，下午高峰时段交通流平均崩溃次数从1.2次降至0.4次。这一定程度上是由于近一半执行了匝道控制的

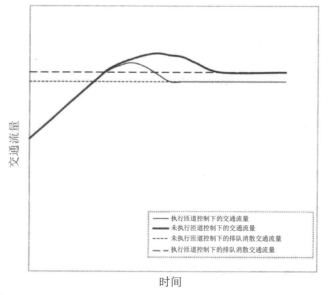

图6-2　匝道控制执行前后的瓶颈点交通流量匹配程度

瓶颈点完全消除了交通流崩溃现象。

排队车辆数和排队持续时间的减少能够降低排队车辆溢出至上游进口匝道的概率。

在随后的研究中,Zhang L与Levinson指出匝道控制能够带来两类通行能力的提升。

第1类:瓶颈上游的通行能力能够得到提升,这是因为瓶颈点处形成的车辆排队较短且交通流能够在更长的时间内保持稳定。

第2类:如上文所述,瓶颈点处的通行能力将得到提升。

三、匝道控制下的高速公路服务水平提升

非限制性匝道控制和限制性匝道控制都可以通过以下方式提升高速公路的通过量、延误时间和安全性。

事实证明,通过匝道控制使匝道车流平稳汇入主线能够降低交通事故率。一项针对8个城市交通管理中心的调查结果表明,匝道控制的执行能够将事故率降低24%~50%。事故率的改善效果包括二次事故数量的减少以及首次事故和二次事故造成延误时间的降低。

大量的研究结果反映出匝道控制能够有效降低行程时间。例如,长岛快速路的非限制性匝道控制使行程时间缩短了20%。另外,限制性匝道控制能够获得的额外效益将在后面介绍。

匝道控制能够提高道路通过量。例如,在明尼苏达州明尼阿波利斯–圣保罗都会区,系统级限制性匝道控制能够使高速公路交通量增加

限制性匝道控制能够获得一项额外效益,即其引起的交通重分配将降低匝道需求交通量。下面将通过一个简单的单点式限制性匝道控制示例来说明这一过程。图6-3显示了一条高速公路(FBD)和一条绕行路线(EACD)。在匝道控制执行前,B处匝道的驶入交通量超过了5000辆/h的通行能力,并导致如图所示的排队,造成2 h高峰时段内延误达400车辆·h。

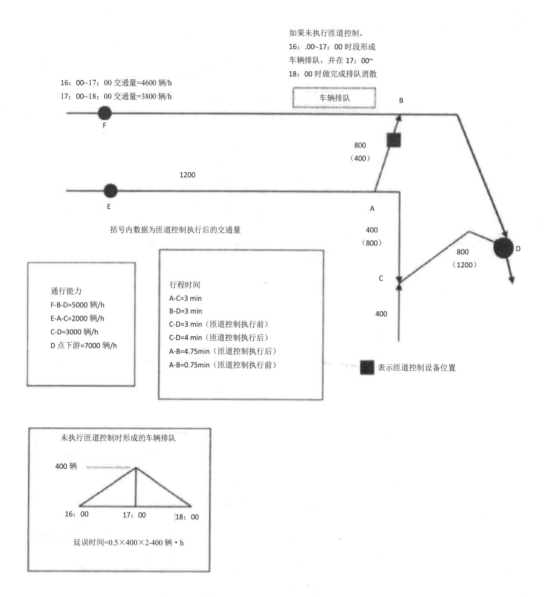

图6-3 单点式限制性匝道控制示例

下面将举一个简单的单点匝道限流控制示例来说明这一概念。图6-3显示了一条高速公路(FBD)和一条备用路径(EACD)。在匝道控制执行前,匝道合流点B的交通量超过高速公路通行能力(5000辆/h),从而引发了图中所示的车辆排队现象,并在持续2h的高峰时段内造成了400 h的车辆延误。同时,在匝道控制执行前,路段EA上前往D点及更远地点的车辆大多会选择通过高速公路出行,因其行程时间能够缩短2.75 min。而在下游的匝道合流点D,主线交通和绕行交通合流后的总交通量仍低于高速公路通行能力。

当匝道控制将驶入率限制到400辆/h,进口匝道处的车辆排队开始形成,直到高速公路的行程时间与绕行路线的行程时间大致相等。利用以下公式可以计算各路段(主线车辆排队路段除外)的行驶时间如下。

路段行驶时间=(路段交通量)×(路段行驶分钟数/60)×(高峰时段持续时间)(6-2)

限制性匝道控制能够显著减少系统总延误时间,但不同驾驶员得到的收益不尽相同。在本例中,主线车辆排队现象的消除使得行驶在A处匝道上游主线上的驾驶员获得较大收益;但对于绕行路线上前往D点及更远地方的驾驶员而言,无论其选择驶入高速公路匝道、留在绕行路线、在受控匝道下游某一点进入绕行路线,都将经历更长的行程时间。

第二节　匝道控制策略

本章前几节介绍了匝道控制措施的相关背景资料，并论述了利用匝道控制措施缓解交通拥堵的相关机制。但是，匝道控制的实施也会带来一些潜在负面影响，包括以下几方面：

(1)对于惯常驶入匝道通过高速公路出行的驾驶员，不论其是否选择绕行路线，都会蒙受额外的延误时间。

(2)对于虽不驶入匝道但通过绕行路线出行的驾驶员，会蒙受额外的延误时间。

(3)可能会导致匝道处车辆排队溢出至地面道路网络。

(4)因上述原因引起驾驶员不满。

某种程度而言，匝道控制项目的成功与否取决于其前期规划的合理性。在前期规划中，需要准确判断匝道控制的实际可行性，并针对具体问题选择最有效控制策略。交通仿真技术是匝道控制项目的有效评价手段，能够评估不同匝道控制策略对绕行路线、受控匝道周边高速公路网络的影响程度以及匝道使用者和分流绕行者蒙受的额外延误，从而为匝道控制策略的选择提供有力支撑。

一、匝道控制策略概述

非限制性匝道控制策略的信号控制率将高于车辆平均到达率，其匝道排队长度相对较短，且主要由匝道上游地面道路上信号控制条件下的放行车队或无信号控制条件下的小型车队构成。同时，排队车辆通常会在下一信号周期放行车队到达前通过匝道。因此，非限制性匝道控制策略对相关设备的要求较低(无需布设主线检测器，也无需强制要求设备与交通管理中心的通信)。

限制性匝道控制策略包括单点级控制、系统级控制、定时式控制及响应式控制。限制性匝道控制项目的成功与否取决于其前期的详细规划。表6-1总结了限制性匝道控制策略的主要特征o

相较于非限制性匝道控制策略，限制性匝道控制策略能够获得更高的系统整体效益。但限制性匝道控制策略会被很多驾驶员认为于自身不利。当交通管理机构遇到这一问题或预计推出限制性匝道控制方案会受到质疑时，可将非限制性匝道控制策略作为替代方案以提升通行能力并减少事故发生率。非限制性匝道控制策略可以最小化匝道延误，而驾驶员通常也会认可平稳汇入高速公路的益处。另一方面，当限制性匝道控制策略所需车辆排队空间不足时，也可选择非限制性匝道控制策略。

表6-1 限制性匝道控制策略的主要特征

	定时式		响应式	
	单点级控制	系统级控制	单点级控制	系统级控制
功能				
通过车流平稳汇入主线改善交通安全	可用	可用	可用	可用
通过车流平稳汇入主线提升通行能力	可用	可用	可用	可用
通过单个匝道的控制缓解对应瓶颈点交通拥堵	可用	非必须	可用	非必须
相邻受控匝道之间有大量未受控匝道	可用	相较于单点式匝道控制可能具有更好的效果	可用	相较于单点式匝道控制可能具有更好的效果
通过上游多个匝道的控制缓解指定瓶颈点交通拥堵	不可用	可用	不可用	可用
长期（战略性）交通流量重分配	可用	可用	相较于定时式匝道控制可能具有更好的效果	相较于定时式匝道控制可能具有更好的效果
短期交通流量重分配（包括偶发事件）	不可用	不可用	可用	可用
实施要求				
人工收集数据	通常需要	通常需要	通常不需要	通常不需要
主线检测器	不是必备，但可用于数据库构建	不是必备，但可用于数据库构建	必备	必备
交通管理中心进行管理，现场设备需要与交通管理中心进行通信	有益，但不是必备	有益，但不是必备	必备	必备
较大的车辆排队空间	必备	必备	必备	必备
匝道车辆排队溢出保护	必备	必备	必备	必备
建设与维护成本	相对较低	相对较低	单价较高	单价最高

二、定时式限制性匝道控制

采用单点定时式限制性匝道控制缓解常发性交通拥堵时,应保证受控匝道下游绕行路线能够容纳重新分配至其上的车流,并且做到以下几点:

(1)匝道合流点处或合流点下游路段的拥堵缓解不需要上游匝道也执行匝道控制。

(2)上游匝道处无法执行匝道控制。

当出现以下情况时,可采用系统定时式限制性匝道控制来缓解常发性交通拥堵。

(1)通过单个匝道的控制无法完全满足高速公路需要减少的交通量要求。部分场景下瓶颈点上游匝道即使将信号控制率调整至最低可行值也可能无法将瓶颈点处的需求交通量降低至通行能力之下,此时可通过在上游匝道增设匝道控制以进一步降低需求交通量,从而达到或接近上述目标。

(2)高速公路存在多个瓶颈点时,则可考虑在多个匝道执行匝道控制。

May在研究中建立了多匝道控制的关联关系(称之为供需分析)。研究中将系统级匝道控制的最优控制策略描述为使主线交通量最大化的线性规划流程,并在分析中通过简化方式来处理分流至绕行路线的交通流。

线性规划模型中的约束条件包括以下几点:

(1)每条高速公路路段上的交通量必须低于其通行能力。

(2)信号控制率必须在实际限制区间内。

(3)部分进口匝道可能无法执行匝道控制。在这种情况下,高速公路汇入交通量等于匝道上的到达交通量。

(4)可能的其他限制条件,如匝道排队长度限制和绕行路线可接受通行能力保障下的可重新分配交通量限制。

交通仿真技术可用于协助系统定时式匝道控制策略设计。

三、单点响应式限制性匝道控制

单点响应式匝道控制可根据匝道附近的实时交通状况调整调节率。这种控制模式是许多全系统响应式匝道控制策略的一部分。

(一)占有率

与定时式匝道控制相比,单点响应式匝道控制可根据主线交通量的日常变化和短期变化适当调整信号控制率,以提高控制性能。许多匝道控制算法都将时间占有率作为确定信号控制率的关键参数。

占有率是交通检测器检测区域有车存在的时间与指定时间段之比。在智能交通系统中,它有时被用作交通密度(每车道每英里拥有的车辆数)的替代参数。

不同类型的交通检测器在车道上具有不同的车辆感应距离,即检测器感应到的车辆

占用时间计算为

$$t_j = (L_V + L_D)/S_j \tag{6-3}$$

式中，t_j是检测器检测到的车辆j占用时长；L_V是车长；L_D是检测器感应区长度；S_j是车辆j的速度。

按照以下公式，将某一时间段内的t值相加再除以该时间段，即得到该类检测器指示的占有率

$$\theta = (\frac{1}{T})\sum_{j=1}^{m} t_j \tag{6-4}$$

式中，θ是检测器指示的平均时段T内的占有率；m是平均时段T内通过检测器的车辆数。

Shawky与Nakamura认为交通流崩溃概率与占有率有关，就像崩溃概率与交通量的关系一样。Shawky与Nakamura研究指出，不同匝道处交通流崩溃概率与占有率之间的关系比它与交通量之间的关系更为一致，因此，将占有率作为控制变量可能更可取。《澳大利亚高速公路匝道信号手册》进一步巩固了这一结论，该手册指出，在不同的天气和照明条件下，临界交通量更加稳定和一致。

（二）合理设置信号控制率

一种常用的匝道信号控制率设置方法为根据上一间隔内的实测占有率来预设当前间隔的信号控制率，设置方法见表6-2。而占有率可由布设在匝道合流点附近的主线检测器获取。

表6-2 信号控制率设置示例

占有率（%）	信号控制率/（辆/min）
≤ 10	12
11~16	10
17~22	8
23~28	6
29~34	4
> 34	3

然而，分钟级占有率数据的变化幅度较大，尤其是当交通流处于非拥堵流态与拥堵流态间的转变区间时。1 min间隔的实测部分占有率数据如图6-4所示，数据检测时段包括了非拥堵交通流与拥堵交通流间的转变时段以及部分拥堵交通流时段。

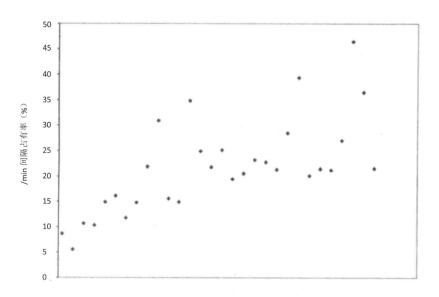

图6-4 1 min间隔的实测占有率数据随时间变化图
（根据俄勒冈州波特兰地区交通档案记录相关数据绘制）

如果使用采集到的原始数据进行匝道控制，则当前占有率可能与上一间隔的实测占有率(用于设置当前间隔的信号控制率)存在显著差异，从而导致连续间隔期间的信号控制率的显著波动。针对这一问题，许多智能交通系统采用了经过滤或平滑处理的占有率数据。常用的一阶线性滤波模型如下。

$$\theta_o(j) = \theta_o(j-1) + K(\theta_I(j) - \theta_o(j-1)) \tag{6-5}$$

式中，$\theta_o(j)$是第j个时刻的过滤输出；$\theta_I(j)$是过滤输入数据值($j-1$与j时刻间变量的平均值)；K是0~1.0范围内的过滤系数($K=1.0$表示无过滤)。

随着过滤等级的上升(K值降低)，未过滤数据曲线中剧烈的分钟级波动得到了有效降低。但是，过滤等级的上升也会带来过滤后数据的时间延迟。因此，在选择K值时需要兼顾降低占有率随机性与追踪长期趋势的双重需求。

类似的过滤原则也适用于其他变量(如交通量、速度)，相关用途包括交通管理中心基于电子地图的数据可视化、可变情报板信息发布以及将信息输出至交通服务供应商。

其他数据过滤技术(如卡尔曼滤波技术)也在交通系统中得以应用，卡尔曼滤波能够基于占有率检测值与检测器误差的随机变化规律自动调整过滤系数。

（三）闭环控制

基于占有率的单点匝道信号控制率设置方法无法通过调整信号控制率实现特定目标。而闭环控制系统能够根据预期目标函数值与实测交通参数估算函数值的比对分析，通过调整信号控制率以消除两者差异。ALINEA是一种常用的闭环控制系统，可通过线性控制理论将信号控制率调整至预期占有率水平。预期占有率水平(占有率设定值)可根据通行能力或交通流崩溃概率确定。信号控制率的计算公式为

$$R(j) = R(j-1) + K_R(\theta_S - \theta_M(j)) \tag{6-6}$$

式中，$R(j)$是j时刻后的信号控制率(匝道交通量)；是可调节参数；K_R是占有率设定值；θ_S是主线检测器(通常设于匝道与主线合流点下游)检测到的j–1至j时刻间的占有率。

ALINEA模型的控制环路如图6-5所示。在模型中，检测点检测到的合流交通量为合流点上游主线交通量(q_U)与信号控制率之和，且这一检测值存在着相当于匝道信号灯至检测点间车辆行程时间的物理延时。同时，主线检测点也能够根据式(6-3)和式(6-4)获取占有率数据。在此基础上，根据式(6-6)用占有率设定值θ_S减去检测器实测占有率θ_M，并将其差值乘以参数K_R，得到的结果即为相对于前一个计算间隔的信号控制率调节量。各时间间隔计算得到的信号控制率调节量相对较小，因此不需要按前述方法进行占有率数据过滤。AUNEA已在美国和欧洲的很多地区部署应用。

SWARM 2是一套单点响应式匝道控制算法。Chu与Liu在研究中指出，SWARM 2a应用基于车头时距理论的交通密度函数来计算单点信号控制率。从理论上讲，这一算法试图通过优化交通密度来保障受控匝道上游检测点的车头时距，从而实现交通流量的最大化。SWARM 2b则引入了贮存区的概念，代表了主线上游车辆检测点(VDS)至下一个主线下游车辆检测点间的区域。在实际应用中，需要先计算出C存区内存在的车辆数，并在此基础上应用SWARM 2b算法计算出D级服务水平下需求交通量对应的信号控制率。同时，如果两个车辆检测点间存在进出口匝道，则需在进出口匝道处安装检测器以计算交通量。该算法的实际应用依赖于精准的环形检测器数据。

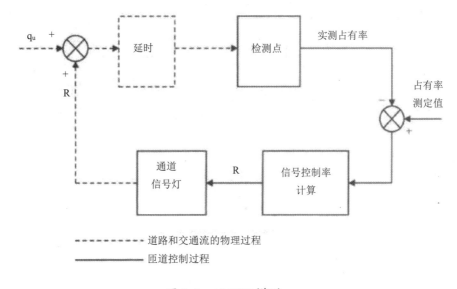

图6-6　ALINEA模型

四、系统响应式限制性匝道控制

系统响应式匝道控制策略可以协同调整多个匝道的信号控制率来实现部分目标功能的优化。其中，一个常用的目标为根据检测到的实时交通运行状态最小化控制路段内所有瓶颈点处的过饱和概率。而这一目标的实现通常需要同步降低瓶颈点上游多个匝道的信号控制率。系统响应式匝道控制策略的优势体现在能够响应当前交通需求的变化，以及响应天气状况和交通事件导致的道路通行能力变化。表6-3总结了这一策略的主要特征。

一般来说，系统响应式匝道控制策略会对受控匝道下游区域的检测器数据进行核查。核查方式

为将一个或多个关键位置下游检测器的实测占有率或交通密度与临界值(一般等于或略小于道路通行能力，或该变量的交通流崩溃值)进行比较。在某些情况下，交通密度可通过对应区域的进入、驶离交通量计算得到。

通过调节一个或多个上游匝道信号的控制率，可以实现对检测器实测占有率或交通密度的调整，以保证其不超过临界值。在很多控制策略中，会在系统控制算法的基础上融入单点控制算法，从而在实际应用中获得更有针对性的信号控制率。

在匝道上游也常设有一个或多个检测点，并根据检测数据调整信号控制率，防止车辆排队溢出至地面道路并阻碍背景交通流的正常运行。

五、设计问题

（一）匝道设计要素

在匝道控制的设计过程中，需合理配置相关的控制策略及设备，以保障信号灯显示、交通安全与排队空间需求。其中，受控车道数以及一灯一车或一灯多车控制模式的选择取决于计划采用的最大信号控制率(表6-3)。当选用了单车道控制时，车辆将在一条或两条车道上排队等待放行，而在两条车道上排队等待的车辆需要汇流后才能通过停车线。在某些情况下，可启用一条额外通道供公交或多乘员车辆直接通过匝道控制停车线。加利福尼亚州交通运输部(CALTRANS)组织编制了一部匝道控制设计手册，并在其中说明了受控匝道的推荐设计标准及相关设计实例。

表6-3　系统感应式匝道控制策略示例

策略	案例所在地点	策略主要特征
区域分层控制	明尼苏达州双子城	把高速公路分为若干个区域。设置信号控制率以保证区域的驶入车辆数小于驶离车辆数
		将各区域分组（分层），并作为信号控制率的计算基础
		非常强调最大匝道等待时间限制。需要检测匝道处的车辆排队以确保等待时间不超过预设值
模糊逻辑	华盛顿州西雅图	参见附录 E
助手	科罗拉多州丹佛市	预设信号控制率由单点控制算法生成
		如果匝道处正在执行最小信号控制率，则降低上游匝道的信号控制率
系统自适应匝道控制算法（SWARM）	加利福尼亚州奥兰治县及其他地区	选择 SWARM1 和 SWARM2 计算结果中的较低值
		SWARM1
		预测交通密度并在各检测点测出超预期的交通密度
		计算各检测点的目标交通密度及所需交通量减少值
		将所需交通量减少值分配至其上游受控匝道
		SWARM2
Metaline 算法	巴黎	在需要系统级控制的地点布设 ALINEA
		为关键的下游检测器标定占有率预设值，并检测预设值和实测占有率之间的差值
		根据加权后的下游占有率误差，计算出每个受控匝道的信号控制率递增量

　　限制性匝道控制策略通常要求具有充足的车辆排队空间,针对这一问题,Caltrans提出了一种匝道所需排队空间的计算方法,算法流程其水平轴代表的持续时间按10 min为增量划分网格,而垂直轴代表的交通量则按100辆/h为增量划分网格。在应用图中的计算方法时,需首先输入当前设置的信号控制率(如为定时式匝道控制预设的信号控制率),而当发现车道到达率首次超过这一信号控制率时,开始在图下的表格第一行中输入对应的小时交通量(单位:百辆)。表中第二行表示驶离率,在车辆排队出现后其值等于信号控制率。表中第三行表示车辆排队长度(单位:十辆),其值等于前一间隔剩余排队长度加上当前间隔的第一行与第二行差值。

（二）匝道排队长度控制

限制性匝道限流控制执行时段内，受控匝道处车辆排队的形成与消散过程将遵循阴影区域垂直距离所代表排队长度的变化规律。同时，随机到达的车辆或上游受信号控制形成的车队也会导致排队长度产生短时变化。多数交通管理机构会出于下述原因限制匝道上的最大排队长度。

（1）匝道处的排队车辆溢出匝道实际区域或预留的排队空间后，将干扰地面道路的正常运行。

（2）一些机构可能会限制匝道上的等待时间。

因此，多数匝道控制系统都具有相应的排队长度限制功能，并通过匝道排队检测器的检测数据来实现。下文介绍了可用于排队长度控制的相关技术方法。前四种技术采用由高速公路管理系统自带的周期性占有率检测值来确定排队检测器处是否存在排队车辆。同时，即使在检测到排队检测器处存在排队车辆后立即调整信号控制率以缓解排队情况，但排队尾部仍有可能继续向后延伸，因此，排队检测器应设于预期最大排队终点下游方向的匝道内。第五种技术利用排队检测器检测到的个体车辆数据来估算排队尾部位置，并据此调整信号控制率。第六种技术则利用了交通量和占有率的估算值。

（1）当排队检测器检测到排队车辆时（检测器检测到较高的占有率），停止执行匝道控制；而当排队检测器检测不到排队车辆时，恢复执行匝道控制。这是早期采用的一种技术，现在偶尔仍有使用。通常不建议采用这种方法，因为停止执行匝道控制会对主线交通流造成严重的不利影响。

（2）当排队检测器检测到排队车辆时（检测器检测到较高的占有率），将匝道信号控制率调整至高于车辆到达率，最大可提高至预设的最大信号控制率；当排队检测器检测不到排队车辆时，恢复执行原有信号控制率。这种控制方法将导致排队检测器周围产生一个极限环（排队振荡），因此需要将检测器安装在需要防止车队溢出位置的更靠近匝道停车线处，其作用是减少匝道上可用的车辆排队空间。

（3）当排队检测器检测到排队车辆时（检测器检测到较高的占有率），逐步提高信号控制率（每个检测周期按固定增量提高信号控制率），当排队检测器检测不到排队车辆时，恢复执行原有信号控制率。加利福尼亚州的很多匝道采用了这一控制方法，但其控制效率低于方法2，且在排队长度控制方面的表现并不稳定。

（4）Gordon在研究中建立了一种在排队检测器检测到排队车辆后，能够最大程度限制排队增速的方法。这一方法在缩短占有率、检测器采样周期（建议值为10 s）的同时，也采用了融入占有率变化率这一参数的数据处理技术来预测排队检测器处是否存在排队车辆。相较于方法2，这项技术产生的极限环振幅更小，从而降低了对车辆排队空间的需求。

(5)Sun与Horowitz在研究中提出了一项在排队尾部接近排队检测器时即可执行的技术，并可调整信号控制率以保持指定的排队长度。这一技术可根据预设的车辆速度与离排队尾部距离的匹配表，通过排队检测器检测到的个体车辆速度，来估算车辆排队长度。上述匹配表是根据代表了车辆减速距离的实测数据拟合曲线预先制定的。

(6)Spiliopoulou等在研究中介绍了一种基于匝道进口与出口位置车辆统计数据差值的排队车辆数的估算技术，并通过匝道中部的占有率实测值实现了对上述差值的修正。

（三）互通式立交处的匝道控制

大都市圈内高速公路的交通流模式通常会受到另一条高速公路汇入交通流的影响。很多情况下，汇入交通流将给处于第一条高速公路合流点上游的驾驶员造成显著的额外延误。为缓解上述延误，可在两条高速公路的互通式立交汇入目标高速公路的匝道处执行匝道控制，以诱导部分驾驶员改为在下游进口匝道处再汇入。Jacobson和Landsman提出了有关如何选择合适控制位置的指导方针，相关内容概括见表6-4。

表6-4　互通式立交处匝道控制的指导方针

考虑那些存在常发性交通拥堵问题或鼓励交通分流的地点
仅当有合适绕行路线时才考虑执行交通分流措施
避免在短距离内进行两次匝道控制
避免在能够为汇入车辆提供新增车道的互通式立交匝道处执行单车道匝道控制
除非分析结果能确保主线交通流量将得到改善，从而使匝道使用者也受益，否则不应在互通式立交匝道处执行匝道控制
当多个匝道在汇入高速公路主线提前合流，且匝道上经常发生拥堵（高峰时段每周4次以上）时，则在互通式立交匝道处执行匝道控制
若互通式立交处匝道控制引起上游高速公路主线产生车辆排队并阻碍主线交通正常运行时，应提高信号控制率以尽量减少上游主线上的排队长度，或是提供额外的排队空间
相应的交通管理中心应能够操作互通式立交处的匝道控制设备并监控其执行情况
应尽可能在水平或缓下坡的道路位置上布设匝道控制设备，以利于重型车辆的加速起动。此外，匝道控制设备布设时应为驶入匝道的驾驶员提供足够的视距以保证其及时发现排队车辆并能够安全停车

互通式立交匝道控制系统在通往加利福尼亚州210号州际公路的多个匝道已有广泛应用。

第三节　匝道控制对驾驶员的影响

一、匝道控制对于驾驶员的利弊分析

一篇关于北美地区匝道控制项目的文献综述指出,匝道控制的执行使得受控交通通道上的行程时间和受控高速公路上的事故发生率获得显著改善,然而,相较于其他智能交通系统措施通常可提高所有使用者出行效益的情况,匝道控制(尤其是限制性匝道控制)措施在提高部分驾驶员出行效益的同时,会对其他驾驶员造成一定的不利影响。

匝道控制的受益者主要为那些匝道等待时间远小于高速公路通行时间的驾驶员。在某些情况下,驾驶员可提前在受控路段上游进入高速公路,从而消除匝道等待时间。同时,其他受益者也包括利用匝道不停车通过车道的公交车辆上的乘客。匝道控制会对以下驾驶员造成不利影响。

(1)匝道等待时间超过主线通行时间的驾驶员。这一情况通常发生于驾驶员驶入靠近中心商务区的市区高速公路时。上述情况的其他场景也包括不同匝道处的等待时间存在较大差异。针对这一公平性问题,可尝试通过如下方式解决:

①优先选择在郊区而非市区实施匝道控制措施。

②将排队等待时间限制在可接受的最大值以下。

③仅在出城方向执行匝道控制。

(2)高速公路上选择分流绕行的驾驶员和绕行路线上的背景交通驾驶员,其出行时间通常会大于高速公路匝道控制执行前的出行时间。这些问题可以通过以下方式加以缓解。

①应用交通仿真或其他技术开展提前规划,通过调整信号控制率将交通分流水平控制在地面道路责任方可接受的范围内。例如,俄勒冈州波特兰市在首次执行匝道控制时,相关机构约定通过限制交通分流水平以保证地面道路的交通量增幅不超过25%。

②交通信号系统、闭路电视监控系统和身份识别系统设置于地面道路上的检测器可实时监控交通运行状态,在此基础上调整匝道信号控制率,以保障绕行路线的服务水平在可接受范围内。

此类问题需要相关责任方能够接受匝道控制的执行及带来的预期影响。建议将上述问题纳入系统的运行理念中。

二、匝道控制的公众接受程度

在实施限制性匝道控制措施后,受日常匝道排队影响的驾驶员将很快察觉到蒙受了之前没有的额外延误时间,但却不易察觉在高速公路主线上获得的行程时间缩短和安全汇入等方面的收益。因此,有必要在匝道控制正式实施前,让社会公众、政府领导和执法人员意识到其潜在效益。为此,可通过宣传册、纸质媒体和电子媒体等方式开展公众宣传,并积极向政府领导和执法人员宣传推广。多数情况下,上述方法将能够使社会公众对匝道控制持积极态度,并愿意遵守信号灯的通行规则。

下面通过一个案例来说明匝道控制在公众接受程度方面可能遇到的困难。面对匝道控制会导致长时间排队等待的观点,1990年在社会公众与政府领导的要求下,明尼苏达州立法机关开展了专项研究以评估匝道控制实施效果。研究人员分别测量了有无匝道控制下的延误时间,并在期间关闭2个月的匝道控制功能。

研究结果表明,匝道控制能够显著提高行程时间可靠性与主线通过量,并降低了交通事故率。一项用户调查表明,虽然受访者对匝道控制的接受程度有了很大提升,但他们也认为当前存在着自由流条件下控制过多及总体分布过密等问题。上述研究也建议执行一项新的匝道控制运行规则,即在满足安全要求和公众可接受匝道排队长度的基础上,在高峰时段最大限度地平衡交通通行效率。

研究工作结束后,相关机构根据研究结果完善了匝道控制执行策略,将单点受控匝道的排队等待时间限制在4 min以内,并将互通式立交受控匝道的排队等待时间限制在2 min以内。执行上述方案后,其系统整体效益优于不执行匝道控制的方案,但弱于之前采用的匝道控制方案。

参考文献

[1]焦海宁，郭濠奇.深度学习与智慧交通[M].北京：冶金工业出版社,2022.

[2]段祥明，赵健，宋莉，等.智慧城市与轨道交通2022[M].北京：中国城市出版社,2022.

[3]甄峰.大数据与智慧城市研究丛书大数据与公共交通可达性[M].北京：商务印书馆,2022.

[4]石钟慈，范维澄.交通与数据科学丛书基于手机大数据的交通规划方法与应用[M].北京：科学出版社,2022.

[5]过秀成，朱震军.交通运输工程导论[M].南京：东南大学出版社,2022.

[6]徐凯.面向智慧港口的大数据应用研究[M].北京：科学出版社,2022.

[7]谭堃元，郑国荣，郭伟伟，等.城市交通信号控制系统原理及实现[M].北京：化学工业出版社,2022.

[8]朱文兴，石钟慈，范维澄.交通与数据科学丛书控制理论在交通流建模中的应用[M].北京：科学出版社,2022.

[9]魏赟.基于物联网的智能交通系统中车辆自组织网络建模与仿真[M].北京：中国铁道出版社,2022.

[10]秦勇，马小平，黄爱玲，等.中国战略性新兴产业研究与发展智慧交通[M].北京：机械工业出版社,2021.

[11]郑红，贾然，周敏.旅游研究前沿书系智慧交通理论与实务[M].北京：旅游教育出版社,2021.

[12]郑晏群，李毅，黄方贞.智慧交通运输执法信息系统[M].北京：人民交通出版社股份有限公司,2021.

[13]温慧敏，雷方舒，孙建平，等.城市交通大脑未来城市智慧交通体系[M].北京：电子工业出版社,2021.

[14]席广亮；甄峰北京：城市流动性与智慧城市空间组织[M].上海：商务印书馆有限公司,2021.

[15]林友芳.交通大数据[M].北京：北京交通大学出版社有限责任公司,2021.

[16]魏真，张伟，聂静欢.人工智能视角下的智慧城市设计与实践[M].上海：上海科学技术出版社,2021.